国家出版基金项目

NATIONAL PUBLICATION FOUNDATION

中宣部2022年主题出版重点出版物

“十四五”国家重点图书出版规划项目

纪录小康工程

全面建成小康社会

广西大事记

GUANGXI DASHIJI

本书编写组

广西人民出版社

责任编辑：韦宝华
责任校对：梁小琪
封面设计：石笑梦　李彦媛
版式设计：胡欣欣

图书在版编目（CIP）数据

全面建成小康社会广西大事记 / 本书编写组 编 .— 南宁：广西人民出版社，
2022.10
（“纪录小康工程”地方丛书）
ISBN 978 - 7 - 219 - 11375 - 2

I. ①全…　II. ①本…　III. ①小康建设 - 大事记 - 广西　IV. ① F124.7

中国版本图书馆 CIP 数据核字（2022）第 064853 号

全面建成小康社会广西大事记

QUANMIAN JIANCHENG XIAOKANG SHEHUI GUANGXI DASHIJI

本书编写组

广西人民出版社 出版发行
（530021　广西南宁市桂春路 6 号）

广西民族印刷包装集团有限公司印刷　新华书店经销

2022 年 10 月第 1 版　2022 年 10 月广西第 1 次印刷
开本：787 毫米 ×1092 毫米 1/16　印张：17.75
字数：220 千字

ISBN 978 - 7 - 219 - 11375 - 2　定价：62.00 元

邮购地址 530021　广西南宁市桂春路 6 号
广西人民出版社市场中心　电话：（0771）5523667　5507887

总 序

为民族复兴修史　为伟大时代立传

小康，是中华民族孜孜以求的梦想和夙愿。千百年来，中国人民一直对小康怀有割舍不断的情愫，祖祖辈辈为过上幸福美好生活劳苦奋斗。“民亦劳止，汔可小康”“久困于穷，冀以小康”“安得广厦千万间，大庇天下寒士俱欢颜”……都寄托着中国人民对小康社会的恒久期盼。然而，这些朴素而美好的愿望在历史上却从来没有变成现实。中国共产党自成立那天起，就把为中国人民谋幸福、为中华民族谋复兴作为初心使命，团结带领亿万中国人民拼搏奋斗，为过上幸福生活胼手胝足、砥砺前行。夺取新民主主义革命伟大胜利，完成社会主义革命和推进社会主义建设，进行改革开放和社会主义现代化建设，开创中国特色社会主义新时代，经过百年不懈奋斗，无数中国人摆脱贫困，过上衣食无忧的好日子。

特别是党的十八大以来，以习近平同志为核心的党中央统揽中华民族伟大复兴战略全局和世界百年未有之大变局，团结带领全党全国各族人民统筹推进“五位一体”总体布局、协调推进“四个全面”战略布局，万众一心战贫困、促改革、抗疫情、谋发展，党和国家事业取得历史性成就、发生历史性变革。在庆祝中国共产党成立 100 周年大会上，习近平总书记庄严宣告：“经过全党全国各族人民持续奋斗，我们实现了第一个百年奋斗目标，在中华大地上全面建成了小康社会，历史性地解决了绝对贫困问题，正在意气风发向着全面建成社会主义现代化强国的第二个百年奋斗目标迈进。”

这是中华民族、中国人民、中国共产党的伟大光荣！这是百姓的福祉、国家的进步、民族的骄傲！

全面小康，让梦想的阳光照进现实、照亮生活。从推翻“三座大山”到“人民当家作主”，从“小康之家”到“小康社会”，从“总体小康”到“全面小康”，从“全面建设”到“全面建成”，中国人民牢牢把命运掌握在自己手上，人民群众的生活越来越红火。“人民对美好生活的向往，就是我们的奋斗目标。”在习近平总书记坚强领导、亲自指挥下，我国脱贫攻坚取得重大历史性成就，现行标准下 9899 万农村贫困人口全部脱贫，建成世界上规模最大的社会保障体系，居民人均预期寿命提高到 78.2 岁，人民精神文化生活极大丰富，生态环境得到明显改善，公平正义的阳光普照大地。今天的中国人民，生活殷实、安居乐业，获得感、幸福感、安全感显著增强，道路自信、理论自信、制度自信、文化自信更加坚定，对创造更加美好的生活充满信心。

全面小康，让社会主义中国焕发出蓬勃生机活力。经过长期努力特别是党的十八大以来伟大实践，我国经济实力、科技实力、国防实力、综合国力跃上新的大台阶，成为世界第二大经济体、第一大工业国、第一大货物贸易国、第一大外汇储备国，国内生产总值从1952年的679亿元跃升至2021年的114万亿元，人均国内生产总值从1952年的几十美元跃升至2021年的超过1.2万美元。把握新发展阶段、贯彻新发展理念、构建新发展格局、推动高质量发展，全面建设社会主义现代化国家，我们的物质基础、制度基础更加坚实、更加牢靠。全面建成小康社会的伟大成就充分说明，在中华大地上生气勃勃的创造性的社会主义实践造福了人民、改变了中国、影响了时代，世界范围内社会主义和资本主义两种社会制度的历史演进及其较量发生了有利于社会主义的重大转变，社会主义制度优势得到极大彰显，中国特色社会主义道路越走越宽广。

全面小康，让中华民族自信自强屹立于世界民族之林。中华民族有五千多年的文明历史，创造了灿烂的中华文明，为人类文明进步作出了卓越贡献。近代以来，中华民族遭受的苦难之重、付出的牺牲之大，世所罕见。中国共产党带领中国人民从沉沦中觉醒、从灾难中奋起，前赴后继、百折不挠，战胜各种艰难险阻，取得一个个伟大胜利，创造一个个发展奇迹，用鲜血和汗水书写了中华民族几千年历史上最恢宏的史诗。全面建成小康社会，见证了中华民族强大的创造力、坚韧力、爆发力，见证了中华民族自信自强、守正创新精神气质的锻造与激扬，实现中华民族伟大复兴有了更为主动的精神力量，进入不可逆转的历史进程。今天，我们比历史上任何时期都更接近、更有信心和能力实现中华民族伟大复兴的目标，中国人民的志气、骨气、底气极大增强，奋进新征程、建功新时代有着前所未有的历史主动精神、历史创造精神。

全面小康，在人类社会发展史上写就了不可磨灭的光辉篇章。中华民族素有和合共生、兼济天下的价值追求，中国共产党立志于为人类谋进步、为世界谋大同。中国的发展，使世界五分之一的人口整体摆脱贫困，提前十年实现联合国 2030 年可持续发展议程确定的目标，谱写了彪炳世界发展史的减贫奇迹，创造了中国式现代化道路与人类文明新形态。这份光荣的胜利，属于中国，也属于世界。事实雄辩地证明，人类通往美好生活的道路不止一条，各国实现现代化的道路不止一条。全面建成小康社会的中国，始终站在历史正确的一边，站在人类进步的一边，国际影响力、感召力、塑造力显著提升，负责任大国形象充分彰显，以更加开放包容的姿态拥抱世界，必将为推动构建人类命运共同体、弘扬全人类共同价值、建设更加美好的世界作出新的更大贡献。

回望全面建成小康社会的历史，伟大历程何其艰苦卓绝，伟大胜利何其光辉炳耀，伟大精神何其气壮山河！

这是中华民族发展史上矗立起的又一座历史丰碑、精神丰碑！这座丰碑，凝结着中国共产党人矢志不渝的坚持坚守、博大深沉的情怀胸襟，辉映着科学理论的思想穿透力、时代引领力、实践推动力，镌刻着中国人民的奋发奋斗、牺牲奉献，彰显着中国特色社会主义制度的强大生命力、显著优越性。

因为感动，所以纪录；因为壮丽，所以丰厚。恢宏的历史伟业，必将留下深沉的历史印记，竖起闪耀的历史地标。

中央宣传部牵头，中央有关部门和宣传文化单位，省、市、县各级宣传部门共同参与组织实施“纪录小康工程”，以为民族复兴修史、为伟大时代立传为宗旨，以“存史资政、教化育人”为目的，形成了数据库、大事记、系列丛书和主题纪录片4方面主要成果。目前已建成内容全面、分类有序的4级数据库，编纂完成各级各类全面小康、脱贫攻坚大事记，出版“纪录小康工程”丛书，摄制完成纪录片《纪录小康》。

“纪录小康工程”丛书包括中央系列和地方系列。中央系列分为“擘画领航”“经天纬地”“航海梯山”“踔厉奋发”“彪炳史册”5个主题，由中央有关部门精选内容组织编撰；地方系列分为“全景录”“大事记”“变迁志”“奋斗者”“影像记”5个板块，由各省（区、市）和新疆生产建设兵团结合各地实际情况推出主题图书。丛书忠实纪录习近平总书记的小康情怀、扶贫足迹，反映党中央关于全面建成小康社会重大决策、重大部署的历史过程，展现通过不懈奋斗取得全面建成小康社会伟大胜利的光辉历程，讲述在决战脱贫攻坚、决胜全面小康进程中涌现的先进个人、先进集体和典型事迹，揭示辉煌成就和历史巨变背后的制度优势和经验启示。这是对全面建成小康社会伟大成就的历史巡礼，是对中国共产党和中国人民奋斗精神的深情礼赞。

历史昭示未来，明天更加美好。全面建成小康社会，带给中国人民的是温暖、是力量、是坚定、是信心。让我们时时回望小康历程，深入学习贯彻习近平新时代中国特色社会主义思想，深刻理解中国共产党为什么能、马克思主义为什么行、中国特色社会主义为什么好，深刻把握“两个确立”的决定性意义，增强“四个意识”、坚定“四个自信”、做到“两个维护”，以坚如磐石的定力、敢打必胜的信念，集中精力办好自己的事情，向着实现第二个百年奋斗目标、创造中国人民更加幸福美好生活勇毅前行。

目　录

一九四九年

9月22日 经中共中央批准，中共广西省委员会（简称省委）在湖北省汉口成立。

10月1日 中华人民共和国的成立，从根本上结束了100多年来中华民族遭受帝国主义侵略压迫的历史，使中国改变了半殖民地的性质，成为真正具有独立主权的国家。全国人民从此站起来了，成为新中国的主人。

11月7日 广西战役打响。12月11日，在百色起义20周年之际，中国人民解放军将红旗插上镇南关（1953年更名为睦南关，今友谊关），标志着广西战役的胜利和广西已获解放。

12月 省委在桂林创办中南军政大学广西分校和广西人民革命大学。这两所学校成为中华人民共和国成立初期培养广西军政建设人才的摇篮。

一九五〇年

1月10日 广西省委、广西军区印发《关于剿匪工作指示》。15日，广西剿匪作战全面展开。毛泽东对广西的剿匪工作十分关心，三次亲自电示广西省委、广西军区指导剿匪工作，要求广西在几个月内肃清主要匪患。至1953年底，广西的剿匪斗争取得决定性胜利，为广西国民经济的恢复创造了稳定的社会环境。

2月8日 广西省人民政府委员会（简称省人民政府委员会）在南宁正式成立，确定南宁为广西省的省会。

2月18日 全省第一次财经会议在南宁召开。会议提出要努力恢复发展生产，平抑物价，逐步改善人民生活。至1952年，全省市场物价基本稳定。

3月23日—24日 省委在南宁召开第一次高级干部会议，指出广西解放是一个历史性变化，政治上由国民党新桂系的反革命统治转变为人民民主专政。

8月30日 西南第一大桥——柳江特大铁路桥竣工。该桥采用多孔连接拖拉法架设钢架，在中国尚属首创。

10月10日 广西解放后第一个大型建设工程——来宾至南宁段铁路动工修筑，次年3月建成通车。

10月23日—11月2日 广西省首届各界人民代表会议第一次会议在南宁召开，标志广西民主建政进入新阶段。

11月15日 广西省人民法院成立。至1956年末，全省共有各级人民法院 87 个，各项审判工作走向规范化、制度化。

12 月 9 日　广西土地改革委员会成立，同日举行首次会议，决定在部分县进行土改试点后分批铺开。至 1954 年夏，广西完成农村土地改革，彻底废除了封建地主土地所有制，实现了耕者有其田，全省农村发生了深刻的社会变革。

12 月　省人民政府委员会对全省工商业进行调整，将私营工业企业和部分个体手工业者的生产纳入国家计划，大部分私营企业恢复生产。

本年　是年始至 1952 年底，全省基本完成原有公路的修复工作，并开始新建公路。

一九五一年

1月　省委印发《关于切实办好农业生产合作社的指示》。至1956年1月，全省基本实现农业合作化。1956年底，完成从初级社向高级社的过渡。

4月15日　省委召开抗美援朝运动动员大会。广西各族各界人士响应党中央和省委号召，在人力、物力、财力上积极支援抗美援朝战争。至1952年5月底，全省捐款1280万元，可买战斗机85架，为抗美援朝战争的胜利作出了重要贡献。

7月3日—9月26日　中央民族访问团第一分团代表党中央、政务院到广西慰问各族人民，送来党中央和政务院的关怀和温暖。

8月19日　全省第一个民族自治地方——龙胜各族联合自治区（县级）建立。至2021年，广西共有龙胜、隆林、融水、三江、都安、巴马、恭城、富川、罗城、金秀、环江、大化12个县级民族自治地方。

9月　全省第一个县供销合作社——苍梧县供销合作总社成立。至1956年底，全省基层供销合作社延伸到小圩场设分社、分销店，并有步骤地在农村建立代购代销店。

10月27日　省人民政府委员会印发《关于照顾各地少数民族的负担办法的指示》。

一九五二年

8月11日 南宁市在全省率先实行公费医疗制度。年底，全省普遍实行公费医疗制度。1956年10月14日，省人民政府委员会印发《广西省医疗免费暂行办法》。

9月—10月 省委、省人民政府委员会选派少数民族代表110人到汉口、北京、上海、天津、南京等地参观，其中25名代表参加当年的国庆节观礼活动。通过参观学习，少数民族代表们亲身体会到祖国的伟大、各民族间的友爱。此次活动增进了各民族间的互相了解，增强了各民族团结合作的意识。

10月 中华人民共和国成立后广西开通的第一条航线——广州—南宁—昆明航线通航。

12月9日 政务院批准成立桂西壮族自治区。桂西壮族自治区是当时广西省以下最高民族区域自治建制。1956年3月，改为桂西壮族自治州；1957年12月20日撤销。

本年 广西实现自来水、电力、原煤、有色金属等产业全部或大部分由国家经营。国家掌握了广西的铁路、银行、邮电和对外贸易，控制了广西国民经济命脉。

本年 毛泽东亲笔为广西大学题写校名。1953年，全国高等学校院系调整，广西大学被撤销。1958年10月2日，重建后的广西大学举行开学典礼，设数理系、机电系、化学化工系、土木系、外文系。

一九五三年

1月8日 省人民政府委员会印发《关于开放中越边缘地区小额贸易的指示》，广西边境的镇南、水口、岳圩、平孟隘、平而、爱店6个口岸成为首批开放口岸。

1月13日 全省全面开展扫盲运动。

2月11日 省人民政府委员会印发《关于水利工作的指示》，要求把水利工作作为农业生产的中心环节，大力兴修小型水利工程，扩大农田灌溉面积。"一五"期间，全省投资4874万元用于水利建设，每年组织数十万乃至数百万人员兴修水利。

2月21日—3月5日 广西省第一届民间文艺观摩会演在南宁举行，涵盖22种民间艺术形式的84个节目参加会演。

5月1日 省委在南宁召开农业生产座谈会，明确全省农村工作的主要任务是全力解决好生产关系、工农关系、干群关系，中心是稳定生产关系。

8月 根据中共中央关于高等学校院系调整的指示，广西对高等院校进行调整，保留广西师范学院（今南宁师范大学）、广西农学院（1997年并入广西大学）、广西医学院（今广西医科大学）、广西民族学院（今广西民族大学）4所。1958年发展到34所。1962年再次进行调整，保留9所。

11月1日 由国家投资兴建的广西第一个社会主义性质的农业企业——国营西江机械农场成立，垦殖荒地10余万亩。

11月11日—23日 省第二次党代表会议传达学习贯彻国家在过渡时期的总路线和总任务精神，宣布1953年是广西转向以生产建设为主要任务的第一年，开始执行《中华人民共和国发展国民经济的第一个五年计划》。会议还研究农业、手工业和资本主义工商业社会主义改造问题。

11月23日 省人民政府委员会印发《关于加强领导少数民族地区农业生产工作的指示》。

11月 省委、省人民政府委员会决定对全省粮食实行统购统销。1955年9月9日，印发《广西省农村粮食统购统销实施细则》。1956年8月31日，省委印发《关于农业生产合作社粮食统购统销的规定》。统购统销对稳定市场、稳定人民生活起到重要作用。

本年 全省开展民族识别工作。至1958年3月，认定广西有壮（时称僮，1965年10月改为壮）族、汉族、瑶族、苗族、侗族、仫佬族、毛南（时称毛难，1986年7月改为毛南）族、回族、京族、倮倮（彝族）、水族、仡佬族12个世居民族。

本年 全省进行第一次人口普查，截至6月30日24时，广西人口总数为19560822人，其中：男性10102541人，占51.65%；女性9458281人，占48.35%。

本年 全省文化馆数量发展到81个，广西成为全国最快实现“县县有文化馆”的省份之一。

一九五四年

4月 国家石油管理局广西某地质队对百色盆地开展石油地质普查与勘探，揭开了广西石油工业的序幕。

8月1日 国家“一五”计划基建项目贵县糖厂动工兴建，于1956年2月4日投产。

8月6日—13日 广西省第一届人民代表大会第一次会议在南宁召开，选举38人出席全国第一届人民代表大会。

10月 省委批转省民委党组《关于龙胜各族联合自治区培养民族干部的报告》。12月14日，中共中央就此作出指示，要求各地党委进一步加大少数民族干部培养力度。

11月10日—22日 省第三次党代表会议在南宁召开。会议决定继续贯彻党在过渡时期的总路线，开展以互助合作为中心的农业生产运动，进一步加强对工业的领导，稳步对资本主义工商业和手工业进行社会主义改造。

本年 全省开展壮文推行工作。1957年3月，广西省壮文工作委员会成立；5月1日，广西民族出版社成立；7月1日，《壮文报》创刊；11月29日，国务院批准《壮文文字方案（草案)》。1958年3月3日，广西人民广播电台设立壮语节目。至1965年，全自治区成立自治区、地区、县三级壮文学校52所。

本年 广西对香港主要出口活猪、活鸡、桂皮、八角、滑石、重晶石等100多种初级产品，贸易额1000多万美元。至1978年，广西出口香港的货物总值首次突破1亿美元。

一九五五年

1月15日　采于钟山县红花镇的中国第一块铀矿石被呈送中南海后，中共中央作出发展原子能事业的重大战略决策。这一天成为中国核工业创建的纪念日，此铀矿石被命名为核工业“开业之石”，现珍藏于核工业北京地质研究院。

1月23日　省委印发《关于当前以互助合作为中心的农业增产运动的指示》。

2月26日　省委转发《广西省少数民族山区生产工作会议的两个文件及批示》，明确少数民族聚居地区经济建设的指导方针：因地制宜，在增产粮食的基础上，大力发展农、林、牧、副业等多种经济。

2月　广西省政协第一届委员会第一次会议召开，选举产生政协广西省第一届委员会，标志着中国共产党领导的多党合作和政治协商这一基本政治制度在广西的建立和广西人民民主统一战线的形成。

同月　广西省人民政府委员会更名为广西省人民委员会（简称省人民委员会）。

3月1日　中越两国700多名代表在凭祥站举行中国凭祥—越南河内铁路通车典礼。

3月25日　省委、省人民委员会印发《关于加强农村生产度荒工作的紧急指示》。

6月1日—12日　省第四次党代表会议在南宁召开，讨论《广西1953年至1957年国民经济五年计划纲要（草案）》。10月4日—9日，省一届人大三次会议表决通过《广西省发展国民经济的第一个五年计划的报告》《关于动员全省人民坚决完成和超额完成广西省发展国民经济的第一个五年计划的决议》等文件。在广西工业化建设的起步阶段，以上文件对于调动全省人民为社会主义美好未来而奋斗的积极性和创造性具有重要作用。

一九五六年

1月19日—26日 省第五次党代表会议在南宁召开，提出要加快社会主义建设。

3月17日 省人民委员会印发《关于迅速恢复和建立国家粮食市场的指示》。12月17日，印发《关于开放国家领导下的自由市场问题的指示》。

3月22日 广西制订今后12年教育事业发展规划，提出5年内基本扫除文盲，积极发展正规的业余中小学，继续提高工农干部和工农群众的文化水平，等等。

4月25日 上海支援广西建设的第一家企业——广西民族印刷厂破土动工，1957年3月10日正式投产。至1969年，上海先后有26家工厂南迁至广西。人才、技术、设备的大迁移，让当时落后的广西工业拥有了“造血”功能，有力地促进了广西工业发展。

4月30日—5月10日 全国先进生产者代表会议在北京召开，广西40多名劳动模范和先进生产者代表出席会议。

5月23日 省人民委员会印发《关于发展副业生产的指示》，对合作社和社员养殖家禽、牲畜作了具体规定，指定有关机构和专门人员负责指导副业生产。

6月20日—7月3日 中共广西省第一次（指中华人民共和国成立以后召开的第一次）代表大会在南宁召开，对《广西省1956年到1967年全省农业发展规划（草案初稿）》进行讨论和修改，选举出席中共第八次全国代表大会的代表，选举产生中共广西省第一届委员会。这次会议标志着广西党的建设进入新的阶段，对推进广西各项建设事业发展，夺取社会主义革命和建设胜利发挥了重要作用。

11月6日 国务院批准设置凭祥市。凭祥市成为广西第一个县级市。

本年 广西省第一个体育场——广西体育场建成。至1965年，广西共修建各类体育场1661个。

一九五七年

2月6日 省委、省人民委员会印发《关于开展一个广泛、持久、健康、彻底的增产节约运动的指示》。

4月30日 南丹至天峨公路全线竣工，第一辆汽车开进天峨县，广西实现了“县县通公路”。

5月28日 省人民委员会发出《关于认真解决石山区人、畜饮水问题的指示》。至1964年，广西石山地区新修饮水设施3.8万多处，近百万少数民族群众和35万头牲畜的饮水问题得到解决。

7月4日 周恩来向第一届全国人民代表大会第四次会议提交《关于成立广西壮族自治区的议案》。7月15日，会议通过《关于成立广西壮族自治区的决议》，决定撤销广西省建制，成立广西壮族自治区，以原来广西省的行政区域为广西壮族自治区的行政区域。

10月14日 随着公路、铁路两用的武汉长江大桥建成通车，南宁直达北京的第一列火车由南宁开出。

本年 “一五”期间，全省基本完成对农业、手工业和资本主义工商业的社会主义改造。工农业总产值27.4亿元（按1957年不变价计算）。农业总产值平均每年增长7.9%，比全国平均增长率高3.4个百分点。“一五”计划的胜利完成，为“二五”计划的制订和实施打下了基础，为广西的社会主义建设积累了宝贵经验。

一九五八年

1月11日—22日 毛泽东在南宁主持召开中央工作会议（史称“南宁会议”），刘少奇、周恩来等出席。其间，毛泽东就如何办好《广西日报》作了批示，在南宁人民公园接见广西各族群众，还对广西工业发展作了指示。

2月10日 平桂矿务局炼出中国第一批特号锡，锡的含量超过部颁标准，达到99.97%。

3月5日—13日 广西壮族自治区第一届人民代表大会第一次会议在南宁召开，宣布正式成立广西壮族自治区，撤销广西省建制；通过《广西壮族自治区自治条例（草案）》和每年3月15日为广西壮族自治区成立纪念日（经中共中央批准，从1978年开始自治区成立纪念日改为12月11日）等决议。

3月14日 南宁各族各界人士在自治区体育场举行庆祝广西壮族自治区成立大会。是日，桂林、柳州、梧州和各专区所在地分别举行盛大集会，庆祝自治区成立。

4月20日 中越两国地方贸易代表团就开放边境口岸问题举行谈判并达成协议，中国广西开放凭祥、水口，越南谅山开放同登、驮隆。

7月1日 柳州工业区举行开工典礼，柳州钢铁厂破土建设。

9月16日—26日 全国民族工作现场会议在三江侗族自治县召开。

10 月　邓小平到柳州专区考察时指出，广大群众建设社会主义的积极性很高，精神十分可贵，今后要设法炼出高质量的铁。

12 月 24 日　当时全国最大的低水头径流式水电站——西津水电站开工建设，拉开了广西大规模开发水电的序幕。1964 年 6 月 7 日，1 号机组发电。1979 年 7 月 1 日，4 台机组全部完工发电。

本年　自治区党委、自治区人民委员会发出大办水利的号召。至 1965 年，全自治区兴建各类水利工程 12 万多处，其中大型水库 19 座、中型水库 64 座。

本年　中国农业科学院（广西）水牛研究所建立。该所是当时全国唯一专门从事水牛研究的科研单位，其水牛杂交改良技术为国内首创，培育成功的三元杂水牛的各项指标均达到世界同类水牛的先进水平。

一九五九年

1月1日—17日 自治区第三届群众业余文艺创作交流大会在自治区人民礼堂开幕。这次大会的文艺评比是在各专区及各市分别进行层层筛选之后举行的，共有8个代表队的近300个节目参评优秀节目。

4月29日 广西第一个高水头电站——大容山水电站基本建成。1960年1月24日，1号机组正式发电。

6月12日 自治区党委印发《关于转发中央六月十一日的指示的通知》，提出：允许社员私人喂养家禽家畜；恢复自留地制度；鼓励和奖励社员利用空闲时间耕种闲散土地，谁种谁有。

9月1日 邮电部重点项目之一——南宁市自动电话基建工程开工。

9月17日 广西第一台120匹马力的6135轻型高速柴油机在柳州机械厂试制成功，这是国内当时生产的柴油机中最新式的一种。

12月30日 南宁铝厂电解铝车间投入生产，结束了广西不能生产铝的历史。

本年 广西组建了中国第一个大型露天锰矿——八一锰矿，同时还成立了广西锰矿公司。

一九六〇年

1月15日　柳州机械厂成功试制并生产出广西第一批35匹马力的“红河牌”水田拖拉机。是月，该拖拉机在全国八省市拖拉机评比鉴定中获第一名。

1月24日　自治区党委印发《关于举行〈刘三姐〉文艺会演的决定》。7月下旬，广西民间歌舞剧《刘三姐》到北京，4次向党和国家领导人汇报演出。是年10月初—1961年9月，该剧到全国24个省和市巡回演出500余场。

1月28日—2月3日　自治区和桂林市委召开座谈会，专题研究桂林的城市规划和建筑风格。

3月4日—5日　周恩来带着一批专家到南宁专题研究广西的水利建设和农业发展问题。5月15日，周恩来在桂林听取漓江补水工程——青狮潭水库建设情况汇报，强调要重视大坝的建筑质量，早日发挥大坝的效益。

6月27日　中国广西贸易代表团与越南越北自治区贸易代表团在南宁经过一个月的谈判，达成1960年中国广西同越南越北地方贸易协议。

7月21日　自治区人民委员会印发《关于农村的十项政策》的布告，规定：保证留足基本口粮；节约备荒，粮食节余归己；包产必须落实，超产奖励必须兑现；给食堂拨够菜地，保证每人每日吃菜0.5公斤至1公斤；鼓励生产小队开发空隙土地，争取每人每年多吃

10公斤至15公斤豆类杂粮；留足自留地，实现社员家庭养猪平均每户一头；留足饲料，拨给青饲料地，发展集体养猪养牛；种植多种油料作物，争取每人每日有1钱油；增加现金收入，争取按季或按月发工资；大队掌握产品，迅速分配收益。中共中央向各省（自治区）、市、县（区）党委转发了此文件。

7月31日—8月12日 自治区第一届运动会在南宁举行，设足球等26个竞赛项目。

一九六一年

4月4日 根据国家基本建设计划安排，1961年广西的基建总投资约为1.59亿元，其中中央项目3135万元、地方项目1.28亿元。

6月23日—7月14日 自治区党委在南宁召开三级干部会议，贯彻中共中央对国民经济实行“调整、巩固、充实、提高”的方针。至1965年，广西的国民经济得到全面恢复和发展。

9月8日—10日 自治区知识分子座谈会在南宁召开，各领域知识分子1200多人参加会议。会议强调，要从政治思想、工作条件和生活待遇等方面更好地关心知识分子，进一步发挥知识分子在社会主义建设中的积极作用。

本年 针对粮荒问题，自治区党委、自治区人民委员会先后两次增拨给各地灾区粮食指标并发动各地抓“瓜菜代”等工作，有效减轻粮荒造成的危害。

本年 电影《刘三姐》公映，好评如潮。1963年，该影片获得第二届《大众电影》百花奖最佳摄影奖、最佳音乐奖、最佳美术奖。

一九六二年

7月4日 历时10天的自治区边境工作会议结束。会议研究了边民生产、生活、治安和地方贸易等问题。

7月—8月 广西对自治区内的壁画进行大规模考察，对具有代表性及独特性的图像进行描绘和拍照。在调研的基础上，自治区人民委员会把左江崖壁画列为自治区文物保护单位。

10月20日—31日 中共广西壮族自治区第二次代表大会在南宁召开，选举产生中共广西壮族自治区第二届委员会，提出要在3年内把粮食、生猪、花生和甘蔗等多种主要经济指标恢复到1957年的水平。

11月24日—12月1日 自治区党委召开农村人民公社秋收分配会议，就压缩开支、堵塞漏洞和其他与分配有关的问题，制定40条具体规定。

11月26日 南宁吴圩飞机场建成并投入使用，为广西民航事业的发展创造了良好的条件，同时在巩固国家西南边境的国防安全方面发挥重要作用。

11月29日 自治区党委、自治区人民委员会印发《关于恢复和健全农业技术推广站、种子站、畜牧站、植保植检站以及林业、水利、气象事业编制机构的暂行规定》。

本年 自治区开始有组织、有计划地动员城镇因不能升学而需要就业的青年学生和城镇闲散劳动力上山下乡，插队落户。至1977

年，39 万人上山下乡，在建设广西农村和祖国边疆中作出积极贡献。

本年 “二五”计划末年，经过调整工作，全自治区工农业总产值为 20.19 亿元（按 1957 年不变价计算）。

一九六三年

2月1日—4日　自治区召开石山地区饮水工作会议，要求从1963年开始至1965年，3年内彻底解决石山地区饮水问题。

3月18日　自治区党委、自治区人民委员会召开会议，要求所有机关干部和群众迅速行动起来，植树造林，绿化南宁。

3月30日　自治区人民委员会印发《关于少数民族山区职工生活补助费使用试行办法的通知》。

5月15日　自治区党委批转自治区民委《关于自治县行使自治权利和加强民族散居、杂居地区民族工作的意见》。

上半年　广西遭受有水文记载80年以来最严重的春旱。6月13日，自治区党委、自治区人民委员会组织6个抗旱工作队分赴各地指导抗旱工作，10多万名各级干部深入抗灾一线。年内，通过减免农业税、自筹经费、人工降雨、扩大冬种等抗灾救灾措施，广西冬种粮食作物产量比1962年冬增加1倍。

7月5日—12日　自治区农村知识青年积极分子大会在南宁召开。这次大会是中华人民共和国成立以来广西第一代有文化的农民成长、胜利前进的里程碑。大会通过了《全区农村知识青年积极分子大会致全区农村知识青年的一封信》，号召农村知识青年紧紧依靠党的领导，和群众打成一片，争取做“雷锋式”的好青年，为建设社会主义新农村而奋斗。

一九六四年

3月5日—26日 朱德到广西调研，参加庆祝广西壮族自治区成立6周年大会，指出广西地处亚热带，农、林、牧、副、渔生产大有可为。

3月12日 自治区党委印发《关于加强农村群众文化工作的指示》。

3月 自治区制订《1964—1970年农业发展规划》，提出：广西农业发展方向是以粮为纲，农、林、牧并举；按照因地制宜和国家需要相结合的原则，争取在粮食基本解决的基础上，逐步把广西建成具有亚热带特色的经济作物、畜牧业和林业的重要基地。

6月30日 自治区成立后的第一次人口普查结束。截至是日24时，广西总人口为23198330人，其中壮族人口占33.40%、汉族人口占62.29%、瑶族人口占2.31%、苗族人口占0.94%、侗族人口占0.60%、仫佬族人口占0.23%、毛南族人口占0.10%、回族人口占0.06%。全自治区人口中，具有大学文化程度的55770人，平均每千人中有2.4人具有大学文化程度。

7月17日 广西伶俐糖厂推行的亦工亦农劳动制度获得《人民日报》报道。1965年5月28日，第一轻工业部在南宁召开全国制糖工业座谈会，确定进一步推行亦工亦农制度。1976年3月25日，广西壮族自治区革命委员会（简称自治区革委会）印发《关于县办国营工矿企业实行亦工亦农制度的通知（试行草案）》。

8月20日—23日　刘少奇到广西调研，指出实行半工半读或半农半读，可以促进教育普及。11月11日，自治区党委批转自治区教育厅党组《关于试办半农半读和半工半读学校逐步推行工读教育制度的请示报告》。

8月　自治区党委从广东邀请800名水稻、柑橘种植能手到广西传授先进技术。1966年10月，从湖北、上海聘请50名小麦技术能手、100名油菜技术能手，分配到各专区种植样板田。

11月—12月　全国少数民族群众业余艺术观摩演出在北京举行。广西壮族自治区代表团由来自壮、瑶、苗、侗、仫佬、毛南、彝7个少数民族的业余演员组成，展示了丰富多彩的具有浓郁南方特色的歌舞艺术。

一九六五年

2 月 20 日　经国务院批准，睦南关改名为友谊关，标志着中越两国人民友谊进一步巩固和发展，象征着中越两国人民永恒的、牢不可破的友谊。

6 月 25 日　自治区党委给中共中央中南局报送《关于援助越南谅山、高平两省意见的报告》，其中包括援助越南谅山、高平两省建设多座小水电的计划。

6 月 26 日　经国务院批准，广东省的合浦县、灵山县、钦州壮族自治县、东兴各族自治县及北海市被划归广西，设立钦州专区。至此，广西由内陆省区变成沿海省区，海岸线长达 1559 公里，是全国 5 个民族区域自治区中唯一的沿海省区。

7 月 1 日　广西自己建造的第一艘现代化客货轮——“桂宏号”在南宁投入运营。

8 月 15 日　自治区人民委员会召开林业工作会议，通过广西 1966—1970 年的林业发展规划。

11 月 25 日　自治区党委印发《关于成立小三线建设指挥部的通知》。是月，自治区党委召开全委会，全面部署“三线建设”。

本年　全自治区党员总数超过 43.93 万人。自 1958 年起，根据自治区党委《关于吸收党员的指示》，各级党组织在 8 年间发展新党员超过 20.689 万人，党员队伍不断壮大。

一九六六年

2月　广西体育馆在南宁邕江南岸落成，是当时全国一流的体育馆。

本年初　自治区党委根据中共中央的决策，确定以“进一步改变广西面貌，准备一个好战场”作为广西“三五”计划的基本任务，建设的重点从中心城市、较发达地区向桂西、桂西北等区域扩展。

本年　全自治区投入经济建设的资金达4.36亿元，占当年财政支出的61%，比上年增长15%。一批“三线建设”项目先后动工，数以万计民工投入“三线建设”，各地迅速掀起农田水利建设高潮，动工修建的大小水利工程达4.4万个。

本年　经中共中央批准，中越边境靖西县（今靖西市）龙邦至桂林市的国防公路开工，全长900多公里，其中400公里为新建路段，穿越九万大山等桂西北大石山区。1972年底建成。

本年　在亚洲新兴力量运动会体操比赛中，广西籍运动员王维俭在个人全能项目、4个单项项目以及中国队团体项目中共获得6枚金牌，成为当时中国在亚洲比赛中获得金牌最多的运动员。

一九六七年

3月9日 自治区工交战线1万多人在南宁集会，动员工交战线组织力量，从农机具、排灌设备、水利电力、化肥、农药、运输等各方面支援广西各地农业，支援春耕生产。

3月15日 广西军区抓革命促生产指挥部印发《关于搞好春耕生产的动员令》。3月16日，组织2万多名各级党政机关干部到春耕生产第一线参加生产工作。

本年 南丹大厂锡矿开采被列为国家重点建设项目。

一九六八年

3月22日 中共中央、国务院批准兴建防城港。

8月20日 中共中央、国务院、中央军委、中央文化革命小组批准成立广西壮族自治区革命委员会。

本年 全自治区推广水稻插秧机4.5万多台，机插面积99.7万多亩，成为全国推广使用插秧机和机插面积最多的省（自治区）。

本年 广西部分地区遭受严重水灾，各地党委、政府、驻军积极抗灾救灾，帮助受灾地区渡过难关。

一九六九年

1月12日　新华社报道，广西掀起兴修水利和冬季生产高潮，全自治区150万人上水利工地；1968年冬季种植绿肥面积比1967年同期增加200万亩。

2月7日　自治区组成“6927”指挥部，负责修建三罗（黔桂铁路宜山县三岔—罗城县）、金红（黔桂铁路金城江—环江上朝红山矿）、洛茂（广西环江普洛—贵州茂兰更班）3条通往矿区的铁路专线。1970年，3条铁路专线及配套线相继建成。

3月21日　新华社报道，1968年下半年以来，广西已能陆续生产高压电线、高铝砖、有机玻璃、石英玻璃、精钢、晶体管、半导体收音机、手扶拖拉机等产品。

4月2日　柳州机械厂生产出广西第一辆汽车——“柳江牌”汽车。

4月7日　《广西日报》报道，广西-65型水稻插秧机在全国一些省（自治区）、市得到推广使用，并外销至马里等10多个国家。

8月24日　自治区革委会在南宁召开“抓革命、促生产”会议，研究制定今后几年工农业生产发展规划。

11月15日　是日起，天津市2000多名医务工作者先后到广西70个县、170多个公社的基层医疗卫生单位工作，为支援广西医疗卫生事业作出积极贡献。1979年后，绝大部分医疗工作者陆续返回天津市。

本年 国家计委制定第四个五年计划纲要（草案），把桂西北列入全国的“大三线”范围。至1976年，国家在桂西北安排了一批中小项目，与此同时，还建设一批“小三线”项目。“三线建设”改变了广西的工业布局。

一九七〇年

3月上旬 自治区革委会在南宁召开自治区工业交通工作电话会议，提出要抓好钢、铁、煤、机械设备、战备产品和轻工业产品的生产建设，积极发展县、社地方工业，大办小铁厂、小煤矿、小磷肥厂、小水泥厂、小水电站等“五小工业”。

4月 广西陆川县小水电成果在广州出口商品交易会上展出，同年10月参加在北京举行的全国农业展览会，得到周恩来称赞；1971年6月，获国家选送罗马尼亚和南斯拉夫两国展出。

10月1日 广西电视台建成并正式开播。1972年4月6日，广西第一座电视发射塔建成。1973年7月1日，广西电视节目向全自治区扩大覆盖面。1974年12月26日，广西电视台开始播出彩色电视节目。

11月23日 自治区革委会印发《关于高等学校招生的通知》。1971年2月21日，广西大学等5所高等院校迎接第一批工农兵大学生入学。

本年 全自治区已有1.3万多名医务人员组成医疗队奔赴农村，为贫下中农防病治病；培训生产大队赤脚医生3万多名，66%的生产大队建立合作医疗制度。

本年 “三五”计划完成，全自治区工农业总产值54.26亿元（按当年价计算），其中农业总产值26.85亿元、工业总产值27.41亿元。广西在历史上第一次实现工业总产值超过农业总产值。

一九七一年

2月9日—16日 中共广西壮族自治区第三次代表大会在南宁召开。会议提出大搞农田基本建设和“三线建设”，进行钢铁、煤炭、化肥、农机、电能5个大会战。

3月 合山火电厂第一台机组建成发电，成为当时广西最大的电厂。

6月13日 自治区革委会在灵山县召开养猪现场会，要求落实养猪政策，集体要给予交肥的社员合理报酬。

12月上旬 自治区革委会、广西军区召开体育工作会议，要求把体育工作列入政府议事日程。

本年 是年始，自治区每年从地方财政中拨出3000万元用于农田基本建设，加上国家投资和各地自筹资金，每年用于农田基本建设的资金在1亿元以上。至1976年，全自治区农田有效灌溉面积达2276万亩。

一九七二年

2月8日 新华社报道，广西城乡市场商品供应充足，库存增加，品种增多，物价稳定。1971年，全自治区商品收购总额比1970年增长16.5%，销售总额增长14%，生猪存栏数增加17%。

8月10日 自治区革委会向国家计委呈送关于请求追加1972年基建投资的报告，国家计委同意给广西追加地方基建投资4256万元。

12月25日 自治区革委会印发《关于农村中若干经济政策问题的通知》，提出：人民公社“三级所有，队为基础”的体制稳定不变；正确执行“以粮为纲，全面发展”的方针，允许生产队在服从统一计划的前提下，因地制宜种植；允许社员经营少量自留地和家庭副业；等等。

本年 广西第一个县级农机技术培训基地——藤县农业机械化学校成立，广西开始有计划地对农民进行农机技术培训。至1976年，全自治区8个地区、4个市、82个县建立了农业机械化学校。

一九七三年

1月4日 自治区党委转发自治区革委会教育局党组《关于普及小学五年教育座谈会情况的报告》，提出要坚持把教育工作的重点放在普及农村小学五年教育上。

1月27日 中国援越抗美工作随着越南取得抗美斗争胜利而结束。援越抗美期间，自治区党委从广西地处祖国南大门的战略地位出发，自觉服从中共中央援越抗美的大局，组织、动员了大量人力、物力，保证了大量援越物资源源不断地输送到越南。广西为援越抗美斗争的胜利作出了重大贡献。

3月15日 自治区革委会批转自治区商业局《关于加强民族贸易工作和特需商品生产、供应问题的报告》。

4月29日 自治区革委会印发《关于高等学校1973年招生工作几个具体问题的通知》，提出在招生对象上，普通班从有实践经验的工农兵中招生。

5月 国务院批准桂林市正式对外开放旅游。

6月5日—15日 自治区党委全委会（扩大）会议研究“四五”计划和1973年发展国民经济计划，强调要大办农业。

6月20日 自治区革委会印发《关于实行农副产品统一奖售办法的通知》。

9月2日 自治区党委批转《全区卫生工作会议纪要》，要求全自治区农村在1974年基本实现合作医疗。

10 月 15 日—17 日　邓小平陪同外宾到桂林参观访问，提出要治理漓江污染，并在回京后召开治理专题会议。1975 年 3 月 24 日，自治区革委会批转自治区环境保护领导小组《关于漓江污染情况和治理意见的报告》。

10 月　广西第一个万吨级深水泊位在防城港正式动工。

12 月 25 日—30 日　自治区党委召开民族工作会议，研究民族教育、民族干部培养、民族地区经济建设等问题。

本年　广西外贸出口额首次超过 1 亿美元，其中松香出口了 3.67 万吨，成为广西出口额突破千万美元的拳头商品。

一九七四年

2月19日 自治区革委会印发《关于恢复耕畜交易市场的通知》。

3月16日 自治区革委会印发《关于搞好生产自救，安排好群众生活的通知》。

4月9日 自治区党委批准在武鸣县（今南宁市武鸣区）建立广西民族干部学校，轮训民族地区少数民族基层干部。

4月27日 自治区革委会印发《关于大力发展养猪业的指示（试行草案）》。10月25日，印发《关于认真贯彻生猪购一留一政策，进一步做好生猪收购、上调工作的通知》。1975年8月1日，要求各市、县革委会印发《关于大力发展养猪事业，加强生猪市场管理的通知》。

6月28日 自治区革委会发出《关于1974年高等学校招生工作的通知》，提出理工科重点支援新建厂矿、工业基础薄弱的地区和"三线建设"；农科、医科、文科和师范重点支援农村，民族学院重点支援山区、边远地区、边疆民族地区。

7月1日 中共中央印发通知，表扬全国工业生产较好的12个省（自治区）、市，广西名列其中。

7月3日 《人民日报》发表社论，介绍横县（今横州市）商业工作经验。

10月31日 自治区党委批转自治区除害灭病领导小组办公室《关于制订〈广西壮族自治区根除血吸虫病工作规划（草案）〉的情况报告》，提出1980年广西要根除血吸虫病。

一九七五年

3月9日 《广西日报》报道，中国第一座现代玻璃钢厂——宜山玻璃钢厂于1974年底建成投产。

3月24日 自治区革委会批转自治区环境保护领导小组《关于漓江污染情况和治理意见的报告》，提出：今后所有新建、扩建和改建的工业、科研等项目，必须让气、水、渣“三废”治理设施与主体工程同时设计、同时施工、同时投产；针对现有的污染漓江的厂矿企业，必须在3年内治理好。12月4日，自治区革委会向国务院呈送《关于治理桂林市环境污染问题的请求报告》，漓江污染治理工作拉开帷幕。

3月27日 自治区“两管五改”（管水、粪，改良水井、厕所、畜圈、炉灶、环境）经验交流会在合浦县召开，提出大搞农村卫生和肥料基本建设，提高人民健康水平，促进农业生产发展。

5月26日 枝城至柳州铁路柳州段221公里建成通车。枝柳铁路经国务院、中央军委批准于1970年10月动工修建，先后组织广西40多万名民兵和专业人员参加施工。

10月28日 以发电为主，兼顾航运、灌溉等综合利用效益的大化水电站工程开工，这是红水河上兴建的第一个大型水电站。1985年6月，水电站4台机组全部建成投产，为广西的发展提供了源源不断的清洁电源。

本年 广西白砂糖出口售价为每吨922美元，是中华人民共和国成立以来最高售价。

本年　全自治区工农业总产值96.59亿元，国民收入58.5亿元。自治区第四个五年计划完成，与第三个五年计划相比，工农业总产值平均每年增长10.9%。

一九七六年

1月7日　自治区计委提出《"五五"计划的意见》。

1月15日　自治区党委转发自治区妇联、教育局、卫生局党组《关于全区幼托工作会议情况的报告》，提出1976年要在三分之二的生产队办起常年的幼托组织。

3月16日　自治区革委会转发自治区农办、财办《关于重点帮助1万个生产队办好百头猪场的报告》。

5月30日　自治区党委印发《关于由集体统一建设农村房屋问题的通知》，提出用10年或稍长一些时间，把农村的旧居民点改造成为社会主义新村。

7月6日　自治区党委批复钦州地区《关于渔业政策的若干意见》，强调坚决维护社会主义集体所有制，集体的船、艇、筏和大型渔具要评价归队，走共同富裕的社会主义道路。

本年　桂林全年接待旅游者首次突破1万人次。

本年　广西外贸优质米出口额首次突破1000万美元。

本年　广西杂交水稻示范面积42.26万亩，居全国第二位。

本年　柳州机械厂成功开发127型大马力操舟机。该成果于1978年获全国科学大会奖。

本年　自治区民政部门拨出救济款93万元，用于穷队发展集体生产试点。

一九七七年

1月25日 自治区革委会转发自治区农办《关于积极试种和逐步推广杂交水稻的报告》。

10月26日 根据国务院关于恢复高校招生统一文化考试制度的意见，自治区在百色进行高等学校、中等专业学校恢复招生统一文化考试制度的招生试点工作。12月15日—16日，全自治区451100人参加本次高校招生统一文化考试。

11月16日—21日 自治区第四次党代会在南宁召开，提出20世纪内实现农业、工业、国防和科学技术现代化的奋斗目标，对动员全自治区各族人民进行现代化建设起到了积极的作用。

12月9日—16日 自治区政协第四届委员会第一次全体会议在南宁召开，选举产生政协自治区第四届委员会，标志着自治区政协工作、自治区政协机构得到恢复。

12月10日—17日 自治区第五届人民代表大会第一次会议在南宁召开，选举产生自治区五届人大委员会，选举自治区出席第五届全国人民代表大会代表，标志着广西各级人大组织逐步恢复。

一九七八年

1月7日 广西杂技团结束非洲访问演出回到南宁。该团于1977年10月出国，历时2个多月，行程近4万公里，先后访问加蓬、圣多美和普林西比、加纳、毛里塔尼亚、尼日尔、乍得等国家，共演出48场，受到各国政府和人民群众的热情欢迎，观众达6万多人次。

5月14日 自治区党委印发《关于落实党的知识分子政策的通知》，要求恢复工业、农业、科学、文教、卫生等各类专业人员职称，恢复职称评定工作。11月14日，自治区党委举行授予高等学校教师职称大会，体现了自治区党委尊重知识分子的决心，意味着广西将迎来科学和教育的春天。

5月28日—6月6日 自治区党委在南宁召开广西科学大会，贯彻落实全国科学大会精神，动员全自治区各族人民和全体科技工作者向科学技术现代化进军。大会讨论修订了《广西壮族自治区1978—1985年科学技术发展规划纲要（草案）》和《广西壮族自治区1978—1985年科学技术研究的主要任务（草案）》。

10月16日 自治区党委召开常委（扩大）会议，认真学习讨论关于实践是检验真理的唯一标准问题。

10月 南宁棉纺织厂建成试产。1986年该厂扩建，成为广西第一个年创产值超亿元的企业。

12月11日 自治区成立20周年庆祝大会在南宁七一广场（今民族广场）举行，各族各界群众20万人参加，中央代表团到会祝贺。

通过开展庆祝和宣传活动，各族各界群众感受到中华人民共和国成立以来特别是自治区成立以来，在党的领导下广西各方面发生的翻天覆地的变化和取得的辉煌成就，更加坚定走社会主义道路的信心和决心。

12月18日—22日 党的十一届三中全会在北京召开。全会确定了把党和国家的工作重点转移到社会主义现代化建设上来，作出实行改革开放的重大决策，实现了党的历史上具有深远意义的重大转折，开创了改革开放和社会主义现代化建设新时期。在党的十一届三中全会精神的指引下，广西开启了改革开放和社会主义现代化建设新时期。

12月23日 自治区党委在桂林召开座谈会，强调把工作的中心转移到社会主义现代化建设上来，努力把广西建设得更加繁荣昌盛。

12月26日 自治区党委召开工作会议，传达学习党的十一届三中全会文件精神，结合广西实际，研究贯彻落实措施。

本年 按农民年人均纯收入低于100元统计，广西农村贫困人口为2100万人，贫困发生率70%。

一九七九年

1月8日—14日 自治区党委四届三次全体（扩大）会议在南宁召开，这是党的十一届三中全会后自治区党委召开的第一次全体会议。会议传达学习中央工作会议和党的十一届三中全会精神，深刻领会把全党工作的中心转移到社会主义现代化建设上来的重要意义，讨论制定广西实行中心转移的措施，动员全自治区各族人民为把中国建设成为现代化的伟大社会主义强国贡献最大力量。

2月15日—20日 自治区革委会在南宁召开自治区知识青年上山下乡工作会议，确定3年内城镇中学毕业生少下乡或不下乡，留在城镇安置就业，原已下乡的知识青年，各地要本着“国家关心，负责到底”的精神，逐步返回城镇安排就业。7月19日，自治区革委会印发《关于统筹安置城镇待业人员的通知》。

2月17日—3月16日 在对越边境自卫反击作战中，广西先后投入支前工作和直接参战的民兵民工共47万多人，运送各种支前物资30多万吨。

3月6日 自治区革委会印发《严格控制粮食销量，安排好农村人民生活的通知》。

6月15日 北京—武汉—南宁空中航线通航。

9月3日—12日 自治区党委在南宁召开工作会议，深入学习党的十一届三中全会和全国五届人大二次会议文件精神，开展关于真理标准的讨论，进一步解放思想、联系实际，研究解决加快广西经济发展的若干问题，强调要让广西工农业生产、财贸工作和其他各项工作不断推向前进。

10月 中国广西壮族自治区桂林市与日本熊本县熊本市结为友好城市，这是广西第一对国际友好城市。1982年5月20日，中国广西壮族自治区与日本熊本县结成友好区、县，在中日友好的史册上谱写了新的篇章。

12月1日 自治区党委印发《全自治区农村人民公社经营管理会议纪要》，要求进一步贯彻按劳分配政策，克服劳动计酬中的平均主义，加强定额管理制度。

12月21日 自治区五届人大二次会议决定设立广西壮族自治区第五届人民代表大会常务委员会，将广西壮族自治区革命委员会改为广西壮族自治区人民政府（简称自治区人民政府）。

本年 是年始，江苏省担负支援广西壮族自治区经济文化建设任务。1980年4月—5月，广西与江苏有关部门协商和落实了第一批技术支援项目共177项。

一九八〇年

1月1日 国务院规定广西等8个省（自治区）从1980年起实行民族自治地方财政管理体制。是年，中央对广西定额补助2.7亿元。

1月27日—2月3日 自治区党委、政府召开山区生产工作会议，这是广西自1949年以来最大的一次专门研究山区生产的四级干部会议。会议确定天等、马山等28个县（自治县）为山区县，明确了“靠山吃山、因地制宜、扬长避短、发挥优势”的山区经济建设方针，生产中不强调山区县在粮食上对国家作贡献，而应在林业、牧业、土特产品等方面多作贡献。会后，自治区人民政府印发《关于发展山区生产若干经济政策的规定》。

1月—2月 宜山县三岔公社合寨大队（今河池市宜州区屏南乡合寨村）果地、果作等自然村在全国率先建立村民委员会，实行村民自治。宜州区成为中国第一个村民委员会的发祥地。

2月14日 自治区党委、政府印发《关于建立商品粮基地公社的决定》，确定第一批商品粮基地公社138个；4月5日，确定第二批商品粮基地公社12个。1982年5月23日，自治区党委、政府印发《关于进一步办好商品粮基地的指示》，要求继续落实各种经济政策，重点扶持商品粮基地发展。

2月27日 自治区人民政府决定，从1980年至1985年，每年拨出500万元专款用于扶持少数民族山区兴建公路。3月1日，自治区人民政府从民族补助费中拨出756万元专款用于支持少数民族山区和革命老区发展地方工业。

3月 自治区编制完成《红水河综合利用规划报告》。该规划报告拟定红水河开发原则，提出建设天生桥一级、天生桥二级、平班、龙滩、岩滩、大化、百龙滩、恶滩、桥巩、大藤峡共10个梯级电站。

6月25日 自治区党委、政府召开8个民族自治县工作会议。会议根据《中共中央关于西藏工作方针的指示》精神，研究如何发挥民族自治县的优势，加快经济发展。

7月12日 自治区党委全委会（扩大）召开。会议传达了党的十一届六中全会精神，认真学习了《关于建国以来党的若干历史问题的决议》。

8月19日 自治区党委印发《自治区党委常委扩大会议纪要》，指出广西是全国蔗糖生产基地之一，强调要大力发展蔗糖生产。

8月21日 自治区党委、政府印发《关于贯彻中央31号文件，加速民族自治县经济发展的若干措施》，提出要发挥民族自治县的优势，宜林则林、宜牧则牧、宜渔则渔，不要毁林开荒种粮，“靠山吃山、因地制宜、扬长避短、发挥优势”的山区经济建设方针在民族自治县同样实施。

9月1日 广西弄岗自然保护区被国务院列为国家级自然保护区。

9月8日 自治区人民政府批准在百色地区的百色高中等5所中学开设8个少数民族高中班，每年拨款50万元，重点招收边远山区少数民族学生，年龄放宽，学制4年。学生在校享受助学金及其他补助。

10月7日—10日 自治区五届人大五次会议决定，成立自治区人大常委会民族委员会和自治区自治条例修改小组，立即着手修改《广西壮族自治区自治条例（草案）》，帮助各自治县制订自治条例。

10月22日 自治区党委在南宁召开工作会议，研究农业生产责任制问题，要求各地、县、社积极办点，争创典型示范。

11 月 19 日 自治区人民政府印发《关于发展蔗糖生产若干问题的规定》，提出实行糖粮挂钩、超产奖励、糖厂利润返还等政策。

本年 自治区党委、政府将自然条件恶劣、经济发展程度低的革命老区、边疆民族地区、边境地区、大石山区和特困地区的 43 个县（自治县、市）确定为“支援经济不发达地区发展资金”的具体支援对象。

本年 全自治区工农业总产值 141.95 亿元，“五五”时期平均每年增长 6.1%。

一九八一年

2 月 13 日—19 日　自治区人民政府在南宁召开自治区粮食会议，传达贯彻中共中央〔1981〕1 号、2 号、3 号、4 号文件和国务院《全国粮食会议汇报提纲》精神。会议调减 66 个县和 4 个市口粮在起征点以下的 2 万个生产队的粮食征购、“双超”任务共 1.15 亿公斤。

4 月 26 日　自治区人民政府批准自治区教育局《关于贯彻执行教育部〈关于分期分批办好重点中学的决定〉的意见》，决定将 189 所重点中学调整为 96 所。

6 月　自治区党委召开地、市市委书记会议，对广西的经济优势问题进行讨论，并广泛征求意见，提出“巩固一个基础（粮食），抓紧两大支柱（蔗糖、水电），发挥八大优势（蔗糖、土特产品、林业、水电、有色金属、建筑材料、旅游、对外经济贸易）”的经济发展战略。

7 月 8 日　《广西日报》报道，自治区人民政府贯彻全国日用机电产品工作会议精神，采取统筹规划、组织联合、择优定点的办法，推动广西的自行车、缝纫机、钟表、电视机、收音机、录音机、洗衣机、电风扇、电度表等日用机电产品在数量、质量上有较大的提升，逐步提高人民物质生活水平。

7 月 23 日　自治区党委、政府印发《关于工交企业实行经济责任制的若干规定》。1983 年 3 月 3 日，自治区党委、政府印发《关于工交企业推行经营承包责任制的若干规定》。

9月1日　国家铁路重点科研项目——红水河大桥建成通车，该项目为国内第一座、世界第四座铁路预应力混凝土斜拉桥。

10月28日　自治区党委、政府印发《广西壮族自治区农村生产队统一经营联产承包责任制试行办法》《广西壮族自治区农村生产队统一管理包干到户责任制试行办法》。两个试行办法出台后，全自治区绝大多数生产队采取包干到户或包产到户的形式进行生产，粮食年年增产，数以百万计的农民解决了温饱问题。

11月24日　国务院批复国家能源委、国家计委《关于红水河综合利用规划审查会议的报告》，指出红水河的综合开发利用对广西乃至整个华南地区的经济建设具有战略性意义，同意将开发红水河水力资源列入国家“六五”计划和长远规划，有计划、有步骤地进行开发。

12月　南宁琼斯有限公司成立，这是自治区人民政府批准成立的第一家中外合资企业。

一九八二年

1月5日 国务院批准广西恢复梧州—香港（含澳门）的国轮直达客运业务，这是中华人民共和国成立以来广西首次恢复开通至港澳地区的客运业务。

1月24日 自治区党委、政府印发《贯彻中共中央、国务院中发〔1981〕42号文件的若干规定》，要求：有计划、有步骤地从城乡两个方面，着重开辟集体经济和城镇个体经济中的就业渠道；逐步改革用工制度，实行合同工、临时工、固定工等多种形式的用工制度。

2月4日 广西大学等10所广西高等学校经国务院批准有权授予学士学位。

2月15日 国务院公布24个城市为全国首批历史文化名城，桂林市名列其中。

4月21日 广西第一届少数民族传统体育运动会在南宁举行，来自11个少数民族的204名运动员参加运动会。本次运动会有33个少数民族传统体育项目。

6月26日 自治区党委批转自治区党委宣传部、自治区团委《深入开展“五讲四美”活动座谈会会议纪要》，要求1982年全自治区的“五讲四美”活动要继续抓好治理“脏、乱、差”的问题。

7月7日 在自治区党委、政府的支持下，柳州水泥厂扩建工程指挥部和扩建办公室成立。柳州水泥厂扩建工程是广西利用外资进行建设的第一个大项目。项目建成投产后，柳州水泥厂的水泥产量从年产 71 万吨增加到 177 万吨，该厂成为当时国内最大的水泥厂。

11 月 10 日—11 日 自治区党委召开四届六次全会（扩大）会议，审议通过关于深入学习党的十二大精神的决定，要求全自治区解放思想、扩大眼界、实事求是、奋发图强，力争到 20 世纪末，全自治区工农业总产值在 1980 年的基础上翻两番。

本年 自治区党委、政府提出自治区蔗糖生产发展远景规划，要求到 1985 年产糖 60 万吨，1990 年达到 80 万吨，2000 年达到 120 万吨。

一九八三年

2月20日 自治区党委转发《自治区哲学社会科学规划座谈会纪要》，指出广西社会科学工作者必须把解决实际应用问题放在重要地位，加强对社会主义现代化建设中提出的重大理论问题和实际问题的研究。

3月21日 中共中央书记处举行第四十九次会议，讨论广西壮族自治区领导班子的调整问题。3月27日，中共中央印发《关于广西壮族自治区领导班子配备的通知》，新的领导班子平均年龄59岁，比上届常委平均年龄年轻4.5岁，具有大专文化程度的占40%，少数民族占40%，最年轻的44岁，体现了新老交替以及民族区域自治地方的特点。

4月23日—30日 自治区六届人大一次会议表决通过《广西国民经济第六个五年计划纲要》。

7月13日 国务院批准防城港为对外国籍船舶开放口岸。10月1日，防城港正式开港。至此，防城港已经建成7个万吨级泊位的岸线主体工程。

8月 经外贸部批准，玉林地区被列为出口商品生产综合基地，这是广西第一个出口商品生产基地。

10月1日 中国政府决定在沿边境地段开设圩市，允许越南边民过境参加互市。从是月起，广西硕龙、水口、科甲、横罗、爱店、峙浪、油隘、平而、峒中、湖润等地陆续开设边民互市点。

10月8日 国务院批准钦州地区的北海市由自治区直接管理，

北海市成为改革开放后广西设立的第一个地级市。之后，防城港、钦州、贵港、玉林、百色、河池、贺州、来宾、崇左等地级市在改革开放进程中相继设立。

10月19日　自治区党委印发《关于加强民族工作和搞好山区经济文化建设的通知》。

同日　自治区党委、政府在柳州召开大瑶山区综合开发技术论证会，提出广西要翻番，优势在山上，潜力在山上，综合开发山区是全自治区经济工作中一项重要而紧迫的战略任务。会议决定将大瑶山区列为自治区综合开发的重点地区。

10月28日　自治区党委全委会审议通过《关于认真学习和贯彻执行〈中共中央关于整党的决议〉的决议》。至1987年4月，整党基本结束。

12月　国务院批准昭平、灌阳、全州、贺县（今贺州市）、恭城、岑溪（今岑溪市）、容县、大新8个县（自治县）为实现农村电气化试点县。

一九八四年

1月12日—20日 自治区农村工作会议在南宁召开，会议提出要结合广西的实际情况，稳定和完善联产承包责任制，促进农村经济体制改革的健康发展。

1月31日 自治区人民政府印发《关于支援最贫困公社发展生产的通知》。

2月14日 经国务院有关部门批准，广西医学院儿科获博士学位授予权，广西医学院成为广西最早获博士学位授予权的学校。

2月23日 自治区党委、政府决定设立自治区老少边山穷地区建设办公室，标志着广西扶贫开发开始进入有组织、有计划阶段。

3月26日—4月6日 中共中央书记处和国务院在北京召开部分沿海城市座谈会，会后形成《沿海部分城市座谈会纪要》。5月4日，中共中央和国务院批转座谈会纪要，决定将北海市（含防城港）等14个城市列为进一步对外开放的沿海港口城市。

4月3日 广西“壮族三月三”歌节首次在南宁举行。

4月13日 自治区人民政府印发《关于搞活工业经济的若干规定》。1986年5月16日，自治区人民政府印发新修订的《关于搞活工业经济的若干规定》。

4月19日—22日 自治区党委在南宁召开会议，专题讨论北海市经济开发问题，提出以“深圳速度”建设北海经济开发区，把北海建设成为广西技术的窗口、管理的窗口、知识的窗口、对外开放的窗口，并初步提出广西要为大西南出进口服务的方针。

6月24日 交通部批准湖南、广西开发湘桂运河梯级航道规划。

6月25日 自治区党委、政府印发《关于政社分开，建立乡政府的通知》。是年底，全自治区政社分开工作完成，结束了农村人民公社自1958年成立以来的历史。

6月28日 自治区党委、政府印发《关于将梧州市作为我区对外经济贸易改革综合试点的决定》，决定将中央授予自治区的部分审批权限下放给梧州。

7月4日 自治区人民政府印发《关于改革科学技术工作的十条规定》。

7月28日—8月12日 在第二十三届奥运会上，广西籍运动员李宁、吴数德等共夺得4枚金牌、2枚银牌、3枚铜牌，广西金牌、奖牌数均列全国第一，创造了广西竞技体育的辉煌。

8月15日 自治区党委、政府印发《关于开创我区旅游新局面的若干规定》，要求以发展桂林旅游区为重点，逐步带动全自治区旅游业的发展，并做好桂林旅游的总体规划。

9月1日 自治区人民政府印发《关于解决部分贫困地区群众生产生活困难若干问题的规定》。

9月5日 自治区党委批转农村政策研究室《关于延长土地承包期、完善联产承包责任制问题的报告》，决定延长土地承包期15年。

9月25日 自治区人民政府印发《关于城镇集体所有制工业若干政策问题的规定》，要求大力扶持和发展城镇集体所有制工业。

9月25日—29日 自治区召开第一届民族团结先进集体、先进个人表彰大会，表彰在广西民族团结方面作出突出贡献的先进集体165个、先进个人840人，号召全自治区各族人民认真贯彻落实是年5月颁布的《中华人民共和国民族区域自治法》。

10月24日 中共中央书记处会议讨论广西经济工作，要求广西认真学习贯彻党的十二届三中全会精神，抓好整党，促使广西经济尽快翻身。

11月5日 自治区党委召开常委会（扩大）会议，传达学习党的十二届三中全会精神，讨论修改《关于认真学习〈中共中央关于经济体制改革的决定〉的通知》。

一九八五年

1月　自治区48个贫困县（自治县、市）和155个贫困公社组织群众全面开展修建以工代赈道路和水利工程。

3月1日　自治区党委、政府印发《关于加速发展乡镇企业的通知》，要求：各地成立乡镇企业局，加强对乡镇企业的领导；各行各业必须为乡镇企业开绿灯，提供方便；争取在两三年内，全自治区乡镇企业总收入在1984年的基础上翻番，到1990年再翻番。

5月30日　自治区党委、政府转发自治区党委宣传部、自治区司法厅《关于五年内在全区各族人民中基本普及法律常识的报告》。自此，全自治区各族人民开始第一个五年普法学习。

6月15日—20日　自治区第五次党代会在南宁召开。大会提出今后5年和长远奋斗目标：在提高经济效益的前提下，要尽快使广西经济发展速度赶上全国平均发展速度；到1990年，全自治区工农业总产值比1980年翻一番，并在第七个五年计划期间，进一步理顺各种经济关系，打好基础，为广西经济更快发展创造更有利的条件；到2000年，全自治区工农业总产值比1980年翻两番以上。

6月22日　自治区人民政府印发《关于对贫困地区减免农业税问题的通知》。

8月22日—27日　自治区党委、政府召开农村工作会议，讨论制定《关于继续搞好农村产业结构调整的通知》《关于加强农村基层组织建设几个问题的决定》《关于改革农村合作经济经营管理工作的意见》等。

10月5日—30日 由14个省（自治区、直辖市）及中国预防医学科学院寄生虫病研究所组成的考核组，对广西基本消灭丝虫病进行考核验收。11月2日，广西基本消灭丝虫病总结表彰大会在南宁举行，广西成为继山东、贵州之后第3个基本消灭丝虫病的省（自治区）。

本年 全自治区工农业总产值247.41亿元，“六五”时期平均每年增长7.7%。

一九八六年

1月10日　自治区重点建设项目——贵县港改建工程竣工并投入使用。贵县港年吞吐能力由原来的120多万吨提高到257万吨，成为广西内河的第一大港。1993年3月，国家重点工程——贵港市中转港竣工并投入使用；5月8日，经国务院批准，贵港口岸开办国轮进出口货物运输业务。

1月18日　自治区人民政府批转自治区农牧渔业厅《关于加速发展我区杂交水稻生产的意见》。是年，全自治区种植杂交水稻面积达765万亩，比1978年历史最高纪录多100万亩。

1月26日—30日　邓小平到桂林考察，充分肯定漓江污染治理成效，并对桂林市建设旅游城市作出指示。在党中央的关怀下，桂林成为全国旅游热点城市。1988年，桂林迎来对外开放旅游15周年。15年间，先后有120多个国家和地区共200多万入境旅游者到桂林旅游，城市人均接待量居全国第一，桂林成为当时中国第一个接待入境旅游者超过本市人口的城市。

3月1日　自治区六届人大常委会第十九次会议表决通过《关于扶持贫困地区脱贫致富的决议》。

3月11日　自治区党委、政府印发《关于加强扶贫工作的决定》，提出用5年左右的时间基本解决全自治区贫困地区群众的温饱问题。

3月15日　自治区扶贫工作领导小组成立，将老少边山穷地区建设办公室更名为自治区扶贫办公室。1988年11月15日，自治区扶贫工作领导小组更名为自治区人民政府贫困地区经济开发领导小组。

4月初 自治区党委、政府决定每年从自治区直属机关单位抽调干部，组成挂钩扶贫工作队（组）开展挂钩扶贫。

4月18日 中国科协和民政部确定南宁市马山县为全国15个科技扶贫试点县之一。

4月21日 自治区党委五届二次全体会议讨论通过《广西壮族自治区国民经济和社会发展第七个五年计划纲要建议》的决议。5月4日，自治区六届人大四次会议表决通过《广西壮族自治区国民经济和社会发展第七个五年计划》。

5月底—6月初 改革开放后，广西学习参观团第一次到广东学习考察。通过实地考察和总结广东经验，自治区党委提出实施“借粤兴桂”战略，要求全自治区进一步解放思想、加强团结、扎实工作，通过加强与广东省的经济技术协作，实现广西经济振兴。

8月7日 自治区人民政府批转中国人民银行广西区分行《关于扶贫信贷资金管理意见的报告》。

9月12日 自治区党委、政府印发《关于加快发展水果生产的通知》，要求各地把制订水果生产的全面规划列入重要议事日程。

9月13日 邓小平在听取国务院钢铝领导小组等汇报有关项目的准备情况时指出：广西平果铝要搞。1991年5月7日，广西最大的工程、国家“八五”重点建设项目——平果铝业公司一期工程动工；1995年11月30日，项目建成投产。2001年5月10日，平果铝业公司二期工程动工；2003年6月28日，项目竣工投产。至此，中铝广西分公司氧化铝生产能力从每年45万吨提升到85万吨，进一步缓解中国氧化铝缺口大、进口剧增的困局。

9月 自治区人民政府印发《广西“七五”星火计划实施纲要》，

规定“七五”期间“星火计划”的4个主要目标、12个方面的系统技术开发。

10月27日 合山火力发电厂最后一台机组正式投产发电，至此，该厂成为当时广西最大的火力发电厂。

10月 自治区党委召开会议，研究加强社会主义精神文明建设问题。1988年3月30日，自治区党委印发《广西壮族自治区社会主义精神文明建设“七五”发展纲要》。

同月 广西保险公司办公楼开工建设，1988年12月29日竣工。该建筑工程于1999年12月荣获全国建筑工程质量最高荣誉奖——鲁班奖，这是广西最早获鲁班奖的建筑。

11月1日 国家“七五”计划重点工程、国内当时最大的内河渠坝——桂平航运枢纽工程全面开工。1988年12月24日，拦河大坝截流成功。1989年2月3日，船闸通航。1993年2月7日，3台机组并网发电；9月，整个工程全面竣工。

11月20日 广西残疾人福利基金会在南宁设立。

12月16日 广西最大的煤矿矿井——合山东矿斜井扩建工程建成投产，设计年产量60万吨。

一九八七年

1月3日 自治区人民政府印发《国营企业实行劳动合同制实施细则》《国营企业招用工人实施细则》《国营企业职工待业保险实施细则》。

1月6日 国务院批准、广西集资建设的大型火电厂——来宾电厂动工兴建。一期工程1号、2号机组分别于1989年1月和1990年1月建成投产。

1月8日 自治区党委、政府印发《保护森林、发展林业、力争15年基本绿化广西的决定》，提出从1987年起，15年内全自治区宜林荒山绿化程度达到76.9%，森林覆盖率提高到39%。

7月3日 自治区人民政府印发《关于在全区全面推行承包经营责任制的通知》。是年12月底，全自治区已有79.9%的全民所有制工业企业实行承包经营。

7月15日 桂林矿产地质研究院承担的国家科委下达的“六五”地质攻关项目——“个旧—大厂锡矿成矿条件，找矿方法及远景研究”获得国家科技进步奖特等奖，这是广西获得的首个国家科技进步奖特等奖。

8月28日 自治区党委印发《关于加强中小学思想政治工作的意见》，要求全面贯彻党和国家教育方针，明确办学指导思想，培养德、智、体、美、劳全面发展的一代新人。

9月8日 自治区人民政府印发通知，要求坚决贯彻执行国务院

《关于整顿市场秩序加强物价管理的通知》。1988 年 9 月 12 日，自治区党委、政府印发《关于认真做好当前物价工作和稳定市场的紧急通知》。

9 月 16 日 国务院批准玉林市（县级）为全国农村改革试验区。

10 月 12 日 自治区人民政府印发《广西壮族自治区贫困地区经济开发项目管理试行办法》。

12 月 15 日 国家重点建设项目——柳州铁路局柳州枢纽扩建工程驼峰编组场建成，使柳州枢纽运输能力提高了 75%。

本年 自治区党委、政府在柳州召开广西城市工业发展研讨会，探讨广西工业的发展，总结和推广柳州工业发展经验。据国家统计局发布的 1985 年全国 324 个城市统计数据，柳州市工业总产值在全国 5 个少数民族自治区的 47 个城市中居第一位；在全国 324 个城市中居第 42 位；在全国 78 个重点城市中，柳州市在实现利税、上缴利税、产值利税率和资金利税率方面，是经济效益较好的 10 个城市之一；有 125 种产品获省部级以上名牌优质称号。

本年 桂林机床厂开发出当时亚洲最大的升降台铣床产品——XK5646 型数控滑枕铣床，该厂成为中国最早生产滑枕铣床的企业。

一九八八年

1月　自治区扶贫工作领导小组编制完成《广西壮族自治区贫困地区 2000 年经济发展纲要》。

2月11日　国务院在北京召开相关会议，听取和研究广西关于发展糖业生产问题的汇报，要求广西建成全国最大的产糖基地。2 月 27 日，国务院印发《关于研究广西发展糖业生产问题的会议纪要》，给予广西六大优惠政策。1991 / 1992 年榨季，全自治区进厂原料蔗达 2130 万吨，产糖 225.85 万吨，广西原料蔗总产量和糖产量跃居全国第一，成为全国第一大蔗糖生产基地。

3月26日　桂林轮胎厂成功试制出第一条 36.00-51-36N-58PR 巨型无内胎工程机械轮胎，结束了中国不能生产该型号巨胎的历史，改变了中国完全依赖进口巨胎的局面，为国家节约大量外汇。1995 年，该型号巨胎生产技术获国家科技进步奖二等奖。

5月7日　自治区党委印发《关于贯彻实施沿海地区经济发展战略的决定》，提出以桂东南沿海地区的改革开放带动全自治区的改革开放，以外向型经济的发展带动全自治区商品经济的发展，力争在不断提高经济效益的前提下，使 1989 年全自治区地区生产总值比 1980 年翻一番，到 1997 年再翻一番，争取到 20 世纪末接近小康水平。

5月10日—18日　广东省党政代表团到广西考察。两省（自治区）在南宁签订经济技术协作协议书，决定从 1989 年起，轮流在广东省、广西壮族自治区召开联席会议，一年一次；大力促进区域性合作，以开发西江流域经济走廊为纽带，使两省（自治区）沿岸地市的经济技术协作进一步紧密协调起来。

5 月 29 日 桂林新技术产业开发区经国家批准成立，是我国边疆民族地区第一个实行特殊优惠政策的高新技术开发试验区。

6 月 1 日 《广西壮族自治区环境保护暂行条例》施行。

6 月 25 日 自治区人民政府印发《关于鼓励发展外向型经济的若干规定》。

7 月 5 日 自治区人民政府批转自治区教委《关于 1988 年改革我区普通高等学校招生和毕业生就业制度若干问题的意见》，提出要实行“两种计划、交费上学、鼓励优秀、推荐就业、择优录用、收取补偿”的办法。

12 月 11 日 庆祝广西壮族自治区成立 30 周年大会在南宁举行。邓小平为广西壮族自治区成立 30 周年题词“加速现代化建设，促进各民族共同繁荣”。

12 月 29 日 广西最大的炼锡基地——来宾冶炼厂 1.2 万吨规模的锡冶炼系统工程建成。

本年 玉林市财政税收首次突破亿元，成为广西第一个财政收入达亿元的县级市。

一九八九年

6月7日 自治区人民政府决定调整产业结构，对113个大中型企业和113种重点产品实行倾斜政策，从资金、原材料、能源和铁路运输等方面给予扶持。

6月29日—7月2日 自治区党委五届六次全会在南宁召开。会议要求全自治区广大共产党员和各族人民把思想统一到党的十三届四中全会精神上来，把全会精神全面落实到各项工作中去。

9月6日—9日 全国千吨以上甘蔗糖厂第一次会议在南宁召开。会上公布1988 / 1989年榨季广西蔗糖产量创历史最高水平，农民种蔗收入突破10亿元大关。

9月22日 自治区党委、政府在玉林召开自治区农村改革工作会议，提出深化农村改革的任务是完善家庭联产承包责任制，健全基层合作经济组织，发展和壮大集体经济。

11月20日—25日 自治区党委五届七次全会审议通过《中共广西壮族自治区委员会关于贯彻党的十三届五中全会精神，继续推进治理整顿和深化改革的决定》。

11月26日—28日 自治区人民政府在南宁召开自治区落实五项承包责任制工作会议，研究落实人均有粮、农民人均收入、人均耕地、人口控制、造林绿化五项承包责任制问题。1990年6月25日，自治区党委、政府印发《广西壮族自治区五项承包责任制综合奖惩办法》。

12月2日 自治区七届人大常委会第十三次会议表决通过《关于进一步贯彻执行〈村民委员会组织法（试行）〉加强村民委员会建设的决议》，并批准实施《龙胜各族自治县自治条例》和《都安瑶族自治县自治条例》。

12月 梧州松脂厂与中科院上海有机化学研究所合作扩试的"α－蒎烯合成芳樟醇"通过国家级中试鉴定，填补了国内空白，打破了该技术长期被美国垄断的局面，中国成为世界上第2个拥有该技术的国家。

一九九〇年

1月12日—15日 自治区人民政府在南宁召开扶贫工作会议，提出要打好扶贫工作的攻坚战，努力实现中共中央、国务院关于在“七五”末期解决全国贫困地区群众温饱的战略目标。

1月13日 自治区党委、政府印发《关于表彰提前两年解决温饱问题的贫困县的决定》，富川、昭平、蒙山、恭城、资源、金秀、象州、融安、防城（今防城港市防城区）、宜山（今河池市宜州区）等县（自治县）获表彰。

4月10日 国家计委下达1990年第一批按合理工期组织建设的国家重点项目，岩滩水电站、红水河天生桥坝索水电站（含50万伏输变电工程）、西江航道整治工程被列入其中。

7月18日 广西大荣拉链有限公司在岑溪县投产开业，成为当时中国最大的尼龙拉链生产厂家。

7月26日 自治区人民政府批转自治区卫生厅《关于加强我区农村卫生工作的意见》。

10月1日 全国“七五”计划建设重点公路之一——南宁—北海二级公路建成通车。

10月3日 合浦县山口红树林经国务院批准建立国家级生态自然保护区。

11月3日 自治区人民政府印发《关于广开就业门路，妥善安置城镇待业人员若干问题的决定》。

11月7日 自治区人民政府印发《广西壮族自治区扶贫资金使用管理暂行办法》。2000年2月14日，自治区人民政府印发《关于切实加强扶贫资金使用管理有关问题的通知》。

11月19日—25日 江泽民到桂林、百色、北海和南宁等地考察，并为广西题词“发扬左右江革命光荣传统，为各族人民共同繁荣而奋斗”。江泽民指出：广西的贫困面比较大，要把扶贫工作当作党委、政府的一项主要任务切实抓好；要坚定不移地坚持改革开放政策，充分利用广西对外开放的有利条件，采取切实的具体措施，把对外开放搞得更好，要脚踏实地、一步一个脚印地前进。

11月29日—12月1日 自治区党委召开常委会会议，强调要切实抓好扶贫工作，把扶贫工作列入十年规划和“八五”计划。

12月3日 广西第一条光纤通信线路——南宁—玉林光纤通信线路开工兴建，1992年6月30日正式开通使用。

12月18日—22日 自治区第六次党代会在南宁召开，提出“八五”奋斗目标，号召全自治区共产党员为实现广西政治、经济和社会稳定发展，建设团结、富裕、文明的广西而努力奋斗。1991年4月18日—26日，自治区七届人大四次会议表决通过《自治区国民经济和社会发展十年规划和“八五”计划纲要》。

12月24日 国家“八五”重点建设工程——南昆铁路东段开工。1991年12月19日，西段开工。1995年10月1日，南宁至百色段建成通车。1997年3月18日，南昆铁路全线铺通。

本年 “七五”扶贫胜利收官。5年间，按原定人均口粮200公斤、纯收入200元的标准衡量，全自治区共有800万人初步解决温饱问题，贫困面下降72%，有23个贫困县（市）跨过温饱线。

一九九一年

1月6日 自治区党委常委会会议讨论“八五”期间广西扶贫开发工作问题。12月7日—10日，自治区扶贫开发工作会议在南宁召开，研究部署“八五”期间扶贫任务。1992年2月2日，自治区党委、政府印发《关于“八五”期间扶贫开发工作的决定》。

1月12日 华南船舶机械厂晋升为国家一级企业，成为广西第一家国家一级企业，其主导产品之一的齿轮批量出口新加坡、泰国、马来西亚、菲律宾等东南亚国家。

1月14日 自治区党委印发《关于在农村开展社会主义思想教育的通知》。至1992年底，全自治区共组织10万多名干部下农村开展社会主义思想教育工作，14914个行政村中已开展社会主义思想教育的有14162个，占行政村总数的95%。

4月29日 自治区人民政府印发《广西壮族自治区“八五”星火计划实施纲要》。

5月15日—19日 自治区党委、政府在南宁召开自治区教育大会，审议通过《关于教育发展与改革的决定》《关于大力发展职业技术教育的决定》等，讨论《广西教育事业十年规划和“八五”计划纲要》等文件草案。

5月21日 南宁—香港新开定期空中航线首次通航。

5月22日—25日 自治区党委、政府在南宁召开自治区科技大会，讨论《广西科学技术发展十年规划和第八个五年计划纲要》等文件。7 月 25 日，自治区党委、政府印发《关于依靠科技振兴广西的决定》。

6 月 1 日　自治区人民政府印发《关于进一步推进对外开放工作若干措施的通知》。

6 月 15 日　自治区七届人大常委会第二十三次会议表决通过《广西壮族自治区义务教育实施办法》，自 9 月 1 日起施行。

8 月 2 日　自治区党委、政府印发《关于加快发展乡镇企业的决定》《关于加快发展乡镇企业若干政策的规定》《关于发展乡镇企业奖励办法》3 个政策性文件，对乡镇企业的发展方向、方针和重点、税收政策、经营范围以及建立发展乡镇企业激励机制等方面作出具体规定，有力促进了“八五”时期广西乡镇企业的快速发展。

8 月 13 日　自治区党委在南宁召开边境七县市经济发展座谈会，共同商讨边境地区经济发展建设大计。会议从 30 多个报名项目中，评选出 19 个投资项目，标志着广西沿边开放开发进入起步阶段。

8 月 20 日　国家科委批准将广西北部湾综合开发项目列入国家“八五”计划，项目总投资为 2.3 亿元。

9 月 18 日　自治区人民政府印发《贯彻国务院关于企业职工养老保险制度改革决定的规定》。

10 月 25 日　自治区扶贫工作组会议提出，扶贫重点是解决贫困地区“两缺两难”（缺粮、缺钱，饮水难、交通难）问题。

10 月　广西第一所希望小学——平果县（今平果市）希望小学在凤梧乡仕仁村奠基，1992 年 9 月 18 日落成。

11 月 1 日　国际自然医学会第十三次讨论会在东京召开。会议向世界宣布：中国巴马瑶族自治县成为继苏联的高加索地区、巴基斯坦的罕萨、厄瓜多尔的比尔卡班巴与中国新疆和田的阿克苏地区之后的第五个世界长寿之乡。

11月5日 自治区党委、政府印发《关于加快我区农业综合开发的决定》。

11月10日—17日 第四届全国少数民族传统体育运动会在南宁举行。30个省（自治区、直辖市）派出体育代表团和观摩团参加，台湾同胞第一次参加该运动会。这是一次中华各民族大团结的盛会，一次促进各民族平等、团结、进步和繁荣的盛会，向世界展示了中国共产党领导下的中国多民族社会主义大家庭的繁荣和稳定。

12月 自治区党委、政府决定，从1992年起，每年第一月第一周，自治区和各地、市、县举行“科技活动周”活动，作为各级党委、政府新年伊始第一件重要工作实施，要求各地党政主要领导人常管常抓，形成制度，坚持不懈。1992年1月3日—9日，广西第一届“科技活动周”在南宁举行。此后，“科技活动周”每年举办一次，至2021年已举办30届。

一九九二年

2月13日 自治区人民政府印发《广西壮族自治区实施〈扫除文盲工作条例〉办法》。

3月26日—28日 自治区党委、政府召开自治区边贸工作会议，强调要大力发展边贸。1996年5月24日，自治区人民政府印发《贯彻国务院关于边境贸易有关问题的通知》。

3月31日—4月2日 自治区人民政府在马山县召开石山地区贫困县扶贫开发工作会议，决定在石山地区选择35个乡镇作为综合扶贫开发试点。

4月1日 友谊关开关典礼在关楼前举行，友谊关成为中越边境第一个正式恢复开关的口岸。5月8日，凭祥浦寨边民互市开工兴建。

4月13日 国务院批准建设龙滩水电站，这是当时国内在建的仅次于长江三峡的特大型水电工程，装机容量占红水河可开发容量的35%~40%。2001年7月1日，龙滩水电站开工建设。2008年8月28日，龙滩水电站送出工程500千伏平果二变站（国家重点工程）开工建设。2009年底，龙滩水电站建成投产，为国家实施“西电东送”战略打下坚实基础。

4月14日—18日 自治区党委六届四次全会召开，学习邓小平南方谈话精神，查找差距，研究贯彻落实措施，提出加快经济发展速度、提前实现第二步战略目标的要求：力争地区生产总值增长速度高于全国平均增长速度，提前两年实现第二个翻番，到20世纪末，地区生产总值突破1000亿元，登上新的台阶。

4月25日 自治区党委、政府印发《关于进一步加强民族工作的意见》。是年，自治区人民政府批准西林县、凌云县享受民族自治县待遇，妥善解决了广西民族工作中存在的历史遗留问题。

5月22日 中共中央印发《关于加快改革，扩大开放，力争经济更好更快地上一个新台阶的意见》，提出“要充分发挥广西作为西南地区出海通道的作用”。

6月9日 国务院印发《关于进一步对外开放南宁、昆明市及凭祥等五个边境城镇的通知》，提出南宁实行沿海开放城市的政策，凭祥、东兴为边境开放市镇，实行国家规定的有关开放优惠政策。

6月24日—29日 自治区党委、政府在岑溪县召开自治区对外开放工作会议，制定和实施“三三二”发展战略：以北海、钦州、防城为对外开放重点，充分发挥首府南宁对外开放城市的作用，促进沿海、沿边、沿江进一步开放；办好柳州市城市综合改革试验区、玉林地区城乡综合改革试验区和桂林旅游开发试验区；建设右江河谷扶贫经济开发带、红水河以水电为主的扶贫综合开发带。

7月4日—9日 自治区党委、政府在北海召开广西沿海地区综合开发规划会议，国务院有关领导、有关部门领导，以及广西、四川、云南、贵州、广东、海南等省（自治区）领导共400多人出席会议。广西提出重点加快15项交通工程的建设，即整治1条江（西江航道二期工程）、新建2条铁路（南昆铁路［广西段］、钦［州］北［海］铁路）、新建3个飞机场（桂林两江机场、梧州机场和柳州机场）、新建扩建4个港口（新建钦州港、贵港猫儿山港，扩建防城港、北海港）、建设5条高等级公路（南宁—梧州公路、桂林—梧州公路、岑溪—罗定公路［广西段］、柳州—桂林公路、南宁—百色公路）。

8月1日 钦州港举行建港工程奠基典礼。1994年1月16日，2个万吨级起步码头建成使用。

8月7日 广西首家股份制大型国营企业——玉林柴油机总厂改制为广西玉柴机器股份有限公司并挂牌成立。

9月 国务院特区办批复同意建立凭祥市边境经济合作区。

10月4日 国务院批准建立北海银滩国家旅游度假区。

10月7日 自治区党委、政府印发《关于加快发展第三产业的决定》，提出用10年左右或更长一些时间，建立起统一的市场体系、城乡社会化综合服务体系和社会保障体系，使第三产业成为广西国民经济的支柱产业。

10月30日 广西首座自行设计、自行施工的新型特大型桥梁——南宁白沙大桥破土动工，1995年1月27日竣工通车。该桥是当时广西境内最长、索塔最高、基础最深、跨度最大、墩台最多的桥。

11月8日—12日 自治区党委六届五次全会（扩大）会议在南宁召开，传达学习党的十四大精神，指出广西经济发展速度可以高于广西历史上的速度，高于全国的速度，平均年增长达到两位数，争取提前二至三年实现翻两番。

12月8日 国务院重点扶贫项目、自治区"八五"重点建设工程——左江水利枢纽工程动工。

12月9日 国务院在桂林召开会议，讨论并确定桂林两江国际机场建设有关事项，明确要加快修建桂林两江国际机场。1996年10月，桂林两江国际机场建成。

本年 玉林市东明村全村企业总收入1.1亿元，成为广西第一个亿元村，也是广西第一个给大中专学生发放奖学金和车船费的村。从是年起，该村按月给本村年满60周岁及以上的村民发放养老金。

一九九三年

1月29日 自治区人民政府印发《关于放开粮食购销价格的通知》。3月20日，自治区人民政府印发《关于粮食收购实行保护价的通知》。

2月23日—27日 自治区八届人大常委会第一次会议表决通过《关于加强我区农业和农村工作的决议》。

3月15日 首届广西国际民歌节（今南宁国际民歌艺术节）在南宁举行。

3月18日 自治区党委、政府印发《关于发展农村社会主义市场经济若干问题的通知》。

3月30日—31日 自治区首批农村工作队8个团分别进驻宾阳、忻城、全州、贺县、桂平、防城、河池（今河池市金城江区）、田东8个县（市）的17个乡（镇）和所属46个行政村。1993年11月20日，自治区党委、政府召开区直机关干部大会，表彰20个区直机关农村先进工作队（组）和123名先进个人及97个支持农村工作组的先进单位。

6月24日—26日 自治区贫困石山地区异地安置试点工作会议决定用五至八年时间对石山地区20万贫困人口进行异地安置。7月3日，自治区人民政府印发《广西贫困石山地区部分群众异地安置试点方案》。

10月5日 广西第一条高速公路——桂海（桂林—北海）高速

公路动工。1999 年 10 月 1 日建成通车。

10 月 6 日 自治区人民政府印发《关于进一步加快我区个体私营经济发展的决定》。

11 月 1 日 自治区党委、政府决定，从 1993 年冬至 1998 年底，由自治区直属机关组织力量到国务院确定的环江毛南族自治县等 24 个特困县（自治县）开展扶贫工作。1993 年 12 月 8 日，扶贫工作队正式开赴各特困县（自治县）。1995 年 1 月 18 日，自治区党委决定抽调 1 万人分别到自治区 28 个国家重点扶持的贫困县（自治县）开展扶贫工作。

11 月 18 日 广西柳州工程机械股份有限公司股票在深圳证券交易所上市，这是广西企业首次向社会公开发行股票。

12 月 21 日 自治区贫困地区经济开发领导小组更名为自治区人民政府扶贫领导小组。

12 月 26 日—30 日 自治区党委六届七次全会在南宁举行，审议通过自治区党委《关于贯彻落实党的十四届三中全会精神，加快建立社会主义市场经济体制的决定》，提出到 20 世纪末，广西初步建立起社会主义市场经济体制。

一九九四年

1月27日 自治区党委、政府印发《关于当前农业和农村经济发展的若干政策措施》，要求把农业放在各项工作首位，提出确保粮食生产稳定增长、大力发展多种经营、进行农业综合开发等10个方面具体措施。

2月1日 自治区人民政府印发《关于实行分税制财政管理体制的决定》，自1月1日起，各地、市实行分税制财政管理体制。

4月27日—5月3日 首届中越边贸研讨洽谈展销会在中国东兴举办，来自国内21个省、区、市和国外8个国家及地区的学者、客商2000多人参会。展销会有力地促进了东兴经贸发展，提高了东兴的知名度，为争取成立东兴市（县级）打下了基础。

5月3日 自治区人民政府印发《关于实行新税制后若干税收政策问题的通知》，对个人所得税、增值税、营业税以及对少数民族边远山区在税收上实行划区照顾办法，对边贸点的征税、免税等作出规定。

7月29日 自治区八届人大常委会第十次会议表决通过《广西实施〈中华人民共和国残疾人保障法〉办法》。

9月28日 自治区八届人大常委会第十一次会议表决通过《广西实施〈中华人民共和国未成年人保护法〉办法》《广西实施〈中华人民共和国妇女权益保障法〉办法》。

9月30日 自治区人民政府印发《贯彻国务院关于深化城镇住

房制度改革决定的实施方案的通知》。1998 年 10 月 9 日，自治区人民政府印发《关于进一步深化城镇住房制度改革加快住房建设的实施办法的通知》。

9 月 在第六届远东及南太平洋地区残疾人运动会上，广西 36 名残疾人运动员共夺得金牌 46 枚、银牌 20 枚、铜牌 14 枚，创造了"五个第一"，即金牌数全国第一、个人超世界纪录数全国第一、个人获金牌数全国第一、十佳运动员数全国第一和十佳教练员数全国第一（与北京并列），获得了比赛成绩和精神面貌展示双丰收。

12 月 1 日 自治区人民政府印发《广西壮族自治区职工失业保险办法》《广西壮族自治区实施〈全民所有制企业招用农民合同制工人的规定〉细则》。

12 月 14 日—17 日 自治区党委、政府在南宁召开自治区经济工作会议，传达学习贯彻中央经济工作会议精神，研究部署 1995 年经济工作。此后，每年召开一次自治区经济工作会议。

12 月 16 日 由玉柴机器股份有限公司发行的中国玉柴国际股票在美国纽约上市。这是广西企业首次在国外成功发行上市股票。

12 月 22 日 自治区党委、政府召开扶贫开发工作会议，研究部署贯彻落实《国家八七扶贫攻坚计划》任务措施。1995 年 4 月 12 日，自治区党委、政府印发《广西实施〈国家八七扶贫攻坚计划〉方案》，提出从 1995 年起，每年帮助 100 万人解决温饱问题，到 2000 年基本解决全自治区 800 万人温饱问题。在全自治区人民的共同努力下，广西提前一年即于 1999 年实现了国家八七扶贫攻坚计划。

12 月 30 日 广西鱼峰水泥股份有限公司通过 ISO9002 质量体系认证，是全国建材行业中第一家通过 ISO9002 质量体系认证的企业。2001 年，该公司出口创汇 770 万美元，成为当时中国最大的散装水泥出口企业。

本年 中共中央、国务院授予广西“实现荒山造林绿化规划自治区”称号。

本年 广西农业生产全面增产增收，粮食单产和总产创历史最高水平，农民人均纯收入860元，第一次达到全国当年人均收入的同等水平。

一九九五年

1月1日 自治区开始实施《广西壮族自治区职工失业保险办法》。是年，全自治区共有169.54万名职工参加失业保险。

1月4日 自治区人民政府印发《关于全面实行劳动合同制度的通知》。

4月17日 广西扶贫基金会在南宁成立。

4月20日 自治区人民政府印发《广西壮族自治区职工最低工资办法》。

4月21日 自治区党委、政府及广西军区授予田阳县人民武装部“以劳养武扶贫帮困的模范人民武装部”称号。

5月18日 自治区人民政府印发《广西壮族自治区实施〈基本农田保护条例〉办法》。

6月3日 自治区以工代赈工作领导小组、异地安置领导小组被并入自治区人民政府扶贫开发领导小组。

6月 广西已建成的第一座特大型水电站——岩滩水电站4台机组全部投入运行，标志着广西电力工业全面进入大机组、大容量、超高压、现代化的时代。

9月14日 自治区党委、政府印发《关于全面实施科教兴桂战略，加速科学技术进步的决定》。在自治区的部署下，科教兴桂战略得到全面实施，科技与经济相结合迈出新步伐，科技对经济社会发展的贡献率有新的提高。

10 月 1 日 百色迎来南昆铁路线上的第一列火车，结束了不通火车的历史，新的开放开发机遇到来。

10 月 25 日—27 日 国务院扶贫开发领导小组在南宁召开中国世界银行扶贫项目工作会议，部署西南世界银行扶贫项目的实施工作。

11 月 14 日 自治区八届人大常委会第十八次会议表决通过《广西壮族自治区扶贫开发条例》。

11 月 23 日 自治区人民政府印发《关于搞好小城镇建设的决定》。

11 月 25 日 随着 2# 机组投产发电，柳州电厂每年为广西电网新增发电能力 25 亿千瓦·时，成为广西电网火电单机容量最大的火力发电企业。

12 月 11 日—13 日 自治区党委六届十次全会审议通过《关于制定国民经济与社会发展“九五”计划和 2010 年远景目标的建议》，提出从“九五”开始，用 15 年左右的时间，力争使广西的综合经济实力达到全国的中上游水平，人均地区生产总值赶上全国平均水平。1996 年 1 月 24 日—31 日，自治区八届人大四次会议表决通过《关于自治区国民经济与社会发展“九五”计划和 2010 年远景目标纲要》。

12 月 18 日—22 日 自治区第七次党代会在南宁举行。大会提出未来 5 年经济和社会发展的主要奋斗目标，力争到 20 世纪末实现地区生产总值比 1980 年翻三番，人均地区生产总值达到全国平均水平。

12 月 27 日 全国首次利用世界银行贷款进行异地扶贫开发的试验区——北海扶贫工业园举行奠基启动庆典。1996 年 9 月 5 日，国务院批准把北海市列为全国农村改革试验点，进行异地扶贫开发综合改革试验。

12 月 29 日 广西全球通数字移动电话（GSM）网、高速数字数据（DDN）网和会议电视网同时开通。

本年 全自治区地区生产总值 1497.56 亿元，人均地区生产总值 3304 元，与全国同步实现国内生产总值提前 5 年比 1980 年翻两番的目标。“八五”时期是广西历史上经济增长速度最快的时期，全自治区地区生产总值年均增长 15.1%，比“七五”时期高 9.0 个百分点，比全国同期高 2.8 个百分点。

一九九六年

1月5日 自治区党委、政府印发《关于加快供销合作社改革的决定》，该决定是加强广西农业和农村工作的重大战略举措。

2月2日—3日 自治区党委、政府在南宁召开自治区计划生育“三结合”（计划生育要与发展经济、帮助群众勤劳致富、建设文明幸福家庭相结合）工作会议。

2月8日 广西城乡电话一体化会议在合浦县召开。会议宣布广西农村电话于1995年底完成了人工改自动，农村电话建设走进了全国先进行列。

2月13日 全自治区实现“县县通光缆”目标。

2月14日 广西凭祥火车站举行中越国际铁路恢复通车庆典，连接两国的中越铁路大动脉重新畅通。

6月10日 灌阳等县移动电话基站顺利开通。至此，广西所有县、市全部开通移动电话。

6月20日 自治区人民政府印发《城市“菜篮子工程”“九五”计划发展纲要的通知》。

7月7日 自治区党委、政府印发《关于进一步搞好国有大中型企业若干问题的规定》《关于加快小型企业改革若干问题的规定》，有力推动了大中型以及小型企业改革步伐。至1997年底，全自治区80%的国有小企业以各种方式推进改革。

9月2日—4日 自治区党委、政府在南宁召开广西环境保护会议，部署广西“九五”环境保护工作。

9月3日—4日 自治区人民政府在南宁召开扶贫攻坚项目规划会议，对今后4年的扶贫项目实行一次性规划。

10月29日—11月3日 江泽民到柳州、百色、南宁、桂林等地考察，强调到20世纪末基本解决农村贫困人口温饱问题是中共中央、国务院的重大战略部署，这场扶贫攻坚仗必须打好，务求全胜。

11月11日—14日 自治区党委七届二次全会审议通过《关于贯彻党的十四届六中全会精神的决定》，全面部署加强社会主义精神文明建设工作。

11月15日—18日 自治区党委、政府召开自治区扶贫开发工作会议，总结经验，研究措施，表彰龙胜各族自治县等14个扶贫先进县（自治县、市、区）。

11月27日 国家八七扶贫攻坚计划实施后，中共中央决定由广东对口帮扶广西。当日，广东省对口帮扶考察团在南宁与广西党政领导举行座谈会，共商广东对口帮扶广西打好扶贫攻坚战大计。

一九九七年

1月14日 自治区党委、政府印发《关于贯彻落实〈中共中央、国务院关于尽快解决农村贫困人口温饱问题的决定〉的意见》。12月19日，印发《关于力争在1999年基本解决全自治区农村贫困人口温饱问题的通知》。

4月13日 自治区党委、政府印发《关于加快卫生改革与发展的决定》。

5月9日 自治区人民政府印发《广西壮族自治区科学技术进步奖励办法》。

6月18日 钦州港口岸对外开放，结束了钦州"有海无港，有港无口岸"的历史。1997年，广西沿海第一个万吨级油气码头——钦州港广西明油气码头全部竣工，年吞吐能力达30万吨。至此，钦州港逐步形成了燃油、天然气、植物液料、沥青、食糖、粮食五大仓储群。

6月27日 自治区党委印发《关于开展依法治桂工作的决定》。9月24日，自治区八届人大常委会第三十次会议表决通过《关于依法治桂的决议》。

8月15日 自治区党委、政府印发《关于加快旅游业发展，建设旅游大省的决定》。

同日 自治区人民政府印发《广西壮族自治区大中小型水库水电站库区移民安置若干规定》。

9月3日 自治区人民政府印发《石山地区部分贫困群众异地安置工作若干规定》。

10月15日—16日 自治区党委七届四次全会审议通过《关于贯彻落实十五大精神努力实现改革与发展新突破的若干意见》，提出实施区域经济、开放带动、重点突破“三大战略”和实现思想认识、经济结构优化、经济体制转换、对外开放、科学技术与经济结合以及人才培养、引进和使用的“六大突破”发展思路，明确了今后一个时期广西改革和发展的主要目标任务、工作方针和措施。该意见是指导广西改革和发展的重要文件。

11月9日 玉林市成为广西第一个平均亩产吨粮的地级市。

12月16日 自治区人民政府印发《关于贯彻落实国务院建立统一的企业职工基本养老保险制度的决定的通知》。

12月23日 自治区党委、政府召开广西企业职工解困和再就业暨社会保险工作会议，强调各级党委、政府要把职工解困和再就业工作列入重要议事日程，切实抓出成效。

12月29日 柳州微型汽车厂累计生产汽车72250辆，销售汽车70369辆，居全国同行业首位。

12月 柳州锌品股份有限公司通过ISO9002质量体系认证。2001年，该公司生产氧化锌9万吨，产量居亚洲第一；生产立德粉4万吨，产量居世界第二。

一九九八年

1月5日 自治区党委七届五次全会召开，提出要从战略上调整国有经济布局，大力发展多种形式的集体经济，努力探索公有制经济的实现形式，要把发展个体、私营和外资等非公有制经济作为调整所有制结构的重点，大力扶持，积极引导，依法管理。

1月24日 广西最大的日用陶瓷生产企业——广西三环企业集团股份有限公司成立。2003年，该公司陶瓷产品出口额4100万美元，在国内同行业的排位从第六位跃居第一位，成为中国陶瓷产品出口欧洲出口额最大的日用陶瓷企业。

1月 广西成为全国第14个实现乡乡通电的省（自治区）。

2月27日 自治区九届人大常委会第一次会议表决通过《关于全面推进依法治桂的决议》。

4月23日 自治区党委、政府印发《企业改革整顿的总体方案》，提出用3年左右时间，使大多数国有大中型亏损企业摆脱困境。2000年，全自治区国有及国有控股工业企业实现利润26.22亿元，与1997年净亏13.95亿元相比，净增达40.16亿元，增幅居全国前列，成功实现国有企业3年扭亏脱困目标。

5月6日 自治区党委、政府对国家重点扶持的龙州、隆安、环江、天峨、罗城、金秀、平果（今平果市）、田东、田林、西林和自治区扶持的上林、大新共12个贫困县（自治县）予以表彰，授予"扶贫先进县"称号。

5 月 8 日 为实现区域经济战略，自治区党委决定成立五大经济区规划工作领导小组，下设桂南、桂中、桂北、桂东、桂西 5 个规划小组。

7 月 15 日 自治区党委印发《关于认真学习贯彻〈中共中央关于在全党深入学习邓小平理论的通知〉的意见》。

8 月 18 日 国务院批准环江木论自然保护区为国家级自然保护区。

8 月 自治区扶贫开发领导小组印发《关于做好贫困地区农户茅草房改造工作的通知》。2001 年 3 月 29 日，自治区边境建设大会战茅草房改造任务完成，竣工面积 15.15 万亩，是下达计划的 2.24 倍。

9 月 8 日 自治区党委、政府在桂林召开地市合并工作动员大会，根据《国务院关于同意广西壮族自治区桂林市与桂林地区合并的批复》，宣布桂林市和桂林地区合并，并着手组建新的桂林市。

10 月 9 日 自治区人民政府印发《关于广西壮族自治区进一步深化城镇住房制度改革、加快住房建设实施办法的通知》。

10 月 历时一年的广西“人畜饮水工程”大会战结束，共解决 360.19 万人和 260.58 万头牲畜的饮水困难问题。

11 月 19 日—21 日 自治区党委七届六次全会审议通过《中共广西壮族自治区委员会关于贯彻〈中共中央关于农业和农村工作若干重大问题的决定〉的意见》，制定和实施农业与农村工作“1234610”工作思路，包括把农业摆在国民经济的第一位、农民人均纯收入今后 5 年每年增加 200 元以上等。

12 月 11 日 自治区成立 40 周年庆祝大会在南宁举行。江泽民为广西题词“庆贺广西壮族自治区成立四十周年”。40 年来，广西出现了经济发展、政治稳定、民族团结、社会进步、人民安居乐业的良好局面。实践充分证明，中国的民族区域自治制度和党的民族工作的方针、政策是完全正确的。

一九九九年

2月5日 自治区党委、政府印发《关于关心农民生活做好当前农村稳定工作》的通知。

3月5日 江泽民参加九届全国人大二次会议广西代表团全体会议时指出，广西要充分发挥大西南出海通道的作用，扩大开放，促进经济发展，在抓好沿海地区经济开放开发的同时，继续下大力气抓好山区扶贫开发工作。

3月23日 自治区党委、政府召开自治区对外开放工作会议，强调扩大对外开放是要突出抓好的两项重点工作之一。

4月16日 自治区人民政府印发《关于边民互市进口商品管理暂行规定》。

4月26日 南宁糖业股份有限公司创建，这是广西第一家国有糖业大型企业，也是当时中国制糖行业中最大的股份公司。

5月10日 广西汽车工业结构调整工作会议决定调整自治区汽车工业结构，即从分散发展转变为集团发展，从投资主导转变为效益主导，从引进为主转变为自主开发为主。

5月19日 自治区人民政府发放首批"春雨奖学金"。该奖学金是自治区人民政府为帮助自治区内普通高校家庭特别困难学生中品学兼优者顺利完成学业而设立的。1999—2003年，每年安排200万元奖学金。

6月14日 国家计委批复同意将广西大学列入国家"211工程"。

6月16日 柳州龙城化工总厂生产的“银荔牌”高级锌在伦敦交易所挂牌上市。“银荔牌”高级锌是全国第5个、广西首个在此注册的锌品牌，柳州龙城化工总厂是广西首家产品在此挂牌上市的民营企业。

6月29日 自治区党委作出关于追授都安瑶族自治县大兴乡（今大兴镇）骨龙村党支部原书记、村民委员会原主任王任光“模范共产党员”“优秀党支部书记”称号的决定。王任光在带领群众劈山修路时，不幸以身殉职。

7月10日 世界银行贷款广西农村供水与环境卫生项目建设通过国家验收。该项目于1992年启动，至1998年底，共201.3万喝水困难的农村人口受益，近446万人次接受健康教育。

8月26日 自治区党委、政府印发《关于贯彻落实〈中共中央、国务院关于进一步加强扶贫开发工作的决定〉的意见》。

11月7日 自治区党委、政府在宜州市（今河池市宜州区）召开桂西区域经济发展座谈会，强调坚决完成国家八七扶贫攻坚计划，在基本解决群众的温饱问题后，适时转向生态扶贫和教育扶贫。

11月17日 自治区贫困地区地头水柜扶贫工程建设大会战动员会在凤山县举行，拉开了地头水柜扶贫工程建设大会战的序幕。

11月28日 自治区党委、政府在桂林召开桂北区域经济发展座谈会，强调要大力发展旅游产业，发展桂北经济，增加群众收入，改善群众生活。

12月6日 自治区党委、政府印发《关于贯彻〈中共中央、国务院关于深化教育改革全面推进素质教育的决定〉的意见》，强调要全面推进素质教育，努力开创全自治区素质教育新局面。

12月9日 广西军区召开参加桂西扶贫大会战动员大会。国家八七扶贫攻坚计划实施以来至是年12月，广西军区修建水池4982个、家庭水柜9.38万多个、乡村公路1.2万公里、希望小学117所。

本年 广西建设11个中央直属粮库的任务顺利完成。

本年 广西跨海公路最长的桥梁——铁山港跨海大桥动工兴建，2001年11月建成通车。铁山港跨海大桥的建成，使中国大西南地区与珠江三角洲的渝湛高速公路得以全线贯通，缩短了北海到珠江三角洲的陆上交通距离，促进了北海、大西南地区和珠江三角洲商贸、物流的发展。

二〇〇〇年

2月21日　广西对已实行8年的普通高中毕业会考制度进行改革。2001年广西扩大招生规模，放宽报考高等学校的条件，从2002年起按“3+X”模式设置高考科目，并把一年一次考试改为一年两次考试。

2月25日　自治区党委常委会会议审议通过《广西五大经济区发展总体规划》。五大经济区包括桂南沿海经济区、桂中经济区、桂北经济区、桂东经济区、桂西经济区。

6月9日　国务院西部地区开发领导小组全体会议决定西部大开发的范围为“10+2”，即重庆市、四川省、贵州省、云南省、西藏自治区、陕西省、甘肃省、宁夏回族自治区、青海省、新疆维吾尔自治区、内蒙古自治区和广西壮族自治区。

6月20日—22日　自治区党委、政府在南宁召开西部大开发工作会议，提出广西要做好“五篇文章”：水的文章，路的文章，生态的文章，产业结构调整的文章，科技、教育和人才的文章。

6月　横县被中国林业总局、中国花卉协会命名为“中国茉莉花之乡”。2001年，横县种植茉莉花69990亩，产茉莉花6万吨，农业产值达3亿元以上，产量居全国各省区首位，成为全国最大的茉莉花种植和茉莉花茶生产基地。

8月6日—7日　自治区党委、政府在东兴市召开自治区边境建设工作会议，决定从当年冬开始，用2年左右的时间，集中人力、物力和财力，在边境8县（市、区）开展边境建设大会战，重点解决边境地区基础设施建设滞后问题，努力办好24件实事。8月22日，自治区党委、政府印发《关于加强广西边境建设的若干意见》。经过广大干部群众2年的艰苦努力，边境建设大会战的24件实事全部完成，取得了决定性胜利。

11月2日—3日 自治区党委七届九次全会在南宁召开，学习党的十五届五中全会精神，审议通过《中共广西壮族自治区委员会关于制定国民经济和社会发展第十个五年计划的建议》。2001年1月16日，自治区九届人大四次会议表决通过《广西壮族自治区国民经济和社会发展第十个五年计划纲要》。

本年 广西“九五”计划的主要任务完成，部分任务超额完成。地区生产总值年均增长8.4%；全自治区10种有色金属产量是“八五”时期的2.7倍；机制糖产量翻了一番，产量保持全国第一。

二〇〇一年

1月　广西那坡、靖西、凭祥、龙州、宁明、大新等边境县（市）1688个通电的自然村屯全部完成卫星广播电视地面接收设施安装任务，边民们从此结束了看不到电视的历史。

2月20日　中国农业部与国际农业发展基金会在罗马签订广西农发基金扶贫项目协议，为广西农村综合开发项目提供贷款3040万美元。

3月27日　自治区党委、政府印发《农村税费改革实施方案的通知》。

3月30日　自治区工业化、城镇化建设工作会议在南宁召开。会议提出：到“十五”期末，广西的工业增加值达1038亿元，年均增长11%，占地区生产总值的比重由“九五”期末的30%提高到35%；全自治区城镇人口达1550万，城镇化水平由2000年的23.5%提高到31%。

5月21日　自治区党委、政府印发《关于加快广西文化发展的决定》。2003年8月12日，自治区人民政府印发《关于加快我区农村文化发展的若干意见》。

5月26日　自治区九届人大常委会第二十四次会议表决通过《广西壮族自治区高新技术产业开发区条例》，该条例对于加强高新技术产业开发区的建设，规范高新技术产业开发区的管理，促进和保障高新技术产业开发区的可持续发展，增强自主创新能力，加快科教兴桂战略的实施具有重要意义。

7月29日 自治区九届人大第二十五次会议表决通过《实施〈中华人民共和国土地管理法〉办法》，自2001年9月1日起施行。

10月11日 百色水利枢纽工程开工建设，2006年10月工程竣工。

10月21日—25日 自治区第八次党代会在南宁召开，提出富民兴桂新跨越的长远奋斗目标，把广西建设成为一个繁荣富裕、民主文明、团结稳定、环境优美的社会主义现代化民族自治区。这一阶段性目标是：21世纪的第一个五年，全面实现“十五”计划目标，国民经济增长速度高于全国平均水平，经济质量和效益明显提高，综合经济实力明显增强，人民生活向全面小康迈进；到2010年，地区生产总值比2000年翻一番，综合经济实力再上一个新台阶，形成比较完善的社会主义市场经济体制，人民的小康生活更加宽裕；到建党成立100年时，国民经济更加发展，各项制度更加完善，人民生活水平进一步提高，并加快向富裕生活迈进；再经过几十年的努力，到21世纪中叶中华人民共和国成立100年时，实现第三步战略目标，基本实现社会主义现代化。

10月27日 国家“八五”“九五”重点建设项目——广西鹿寨化肥有限责任公司年产24万吨磷酸二铵工程通过国家验收。

11月26日—12月1日 自治区九届人大常委会会议表决通过《实施〈中华人民共和国村民委员会组织法〉办法》《广西壮族自治区旅游管理条例》《广西壮族自治区个体工商户和私营企业权益保护条例》等。

12月3日 自治区粮食工作会议在南宁召开，会议宣布从2002年起，广西取消粮食定购任务，放开粮食购销市场及价格。

二〇〇二年

1月4日 自治区人民政府印发《贯彻实施国务院西部大开发政策措施若干规定》，结合广西实际，对投资、税收、土地、价格、收费、矿产资源6个方面制定系列优惠政策。

2月1日 自治区人民政府印发《关于加强耕地保护和建设用地管理工作的通知》《关于开展集体土地所有权登记发证工作的通知》。

3月18日 自治区人民政府印发《关于扶持农业产业化龙头企业的通知》，提出要按照市场规划培育和发展农业产业化龙头企业，依靠科技发展壮大农业产业化龙头企业，制定扶持农业产业化龙头企业优惠政策，加强对农业产业化龙头企业的引导和服务，等等。

4月19日 科技部批准广西为全国制造业信息化示范区。

8月29日 2002年广西实施西部大开发项目推介会在香港举行，推介会上签订利用外资项目合同60项，合同投资总额8.58亿美元。

9月8日 中国第一所以希望工程命名的高中——广西希望高中在南宁举行开学典礼。

10月30日 广西壮族自治区人民政府与铁道部签订洛（阳）湛（江）铁路（广西段）建设合作协议。2004年12月15日，分别在贺州、梧州举行洛湛铁路广西段开工动员大会。2009年9月9日，洛湛铁路永州至玉林段开行客车首发仪式在梧州火车站举行。2010年8月17日，洛湛铁路岑溪至茂名段与永州至玉林段在岑溪火车站接轨，至此，洛湛铁路全线铺通。

10月31日 自治区人民政府印发《关于进一步完善退耕还林政策措施的若干意见》。

11月20日 自治区党委、政府举办以“开放、创新、合作、发展”为主题的2002年广西投资贸易洽谈会，充分展示广西改革开放的建设成果及经济与社会发展的成就，扩大广西与国内外的经济技术合作与交流，扩大广西产品在国内外市场的份额，为海内外工商界全面了解广西提供一个良好的平台。

11月21日—22日 中国（广西）—东南亚经济合作论坛在南宁举行。这是2001年中国和东盟第五次领导人会议确立建立中国—东盟自由贸易区目标以来，广西举办的一次重要的国际性研讨会。

12月1日—3日 自治区党委八届三次全会审议通过《关于学习贯彻党的十六大精神的决定》，强调要联系实际，全面贯彻落实党的十六大精神，加快富民兴桂新跨越步伐，全面建设小康社会。

二〇〇三年

1月7日 自治区扶贫异地安置工作总结表彰会在南宁召开。10年来，全自治区异地安置工作基本完成5万农户进场安置计划，安置进场农民人均年收入1200元以上。

同日 自治区西南扶贫世界银行贷款项目总结表彰会在南宁召开，历时10年的广西西南扶贫世界银行贷款项目建设任务如期完成，累计完成投资17.65亿元。

3月3日 自治区党委、政府印发《关于认真贯彻〈中共中央、国务院关于做好农业和农村工作的意见〉的通知》，提出要进一步解放思想，更新观念，勇于实践，努力开创自治区农业和农村工作的新局面。

4月9日 自治区党委、政府印发《关于进一步做好就业和再就业工作的通知》。

4月23日 自治区党委、政府召开东兰、巴马、凤山三县（自治县）基础设施建设大会战电视电话会议，部署2003—2004年集中力量解决东巴凤基础设施和群众生产生活落后的突出问题。这次大会战主要包括交通、教育、文化等12类34项75312个项目，总投资21.036亿元。2005年9月，东巴凤基础设施建设大会战全面告捷。

6月6日 国务院批准十万大山自然保护区为国家级自然保护区。

6月20日 自治区党委印发《关于在全区进一步兴起学习贯彻"三个代表"重要思想新高潮的实施意见》。

6 月 25 日 国务院、中央军委批复同意田阳机场实行军民合用，该机场开展民用航空业务时称百色机场。2005 年 3 月 15 日，百色机场动工建设；2007 年 1 月 24 日，百色机场正式通航。

6 月 27 日 自治区人民政府印发《关于开展农村税费改革试点工作的通告》。6 月 30 日，自治区党委、政府印发《农村税费改革试点工作实施方案》。7 月 12 日，自治区人民政府印发《农业税征收管理实施暂行办法》《农业特产税征收管理实施办法》。

7 月 8 日 自治区党委、政府印发《关于深入实施开放带动战略，全面提高对外开放水平的决定》，强调要发挥地缘优势，积极开展经贸合作，努力开拓东盟市场，加快对外开放步伐。

7 月 18 日 自治区人民政府印发《民族教育事业 2003—2007 年发展规划》《关于贯彻落实国务院〈关于深化改革加快发展民族教育的决定〉的意见》。2016 年 4 月 1 日，印发《关于加快发展民族教育的实施意见》。

7 月 24 日 自治区党委、政府宣布中国最大氧化铝基地——桂西华银氧化铝基地将在德保县建设，规划年产氧化铝 320 万吨。2005 年 6 月 18 日，广西“十一五”规划重大工业项目——广西华银氧化铝有限公司一期工程开工建设，总投资 110 亿元，是中国铝工业发展史上一次性投资最大、一次性建设生产规模最大的氧化铝项目，也是中华人民共和国成立以来广西获国家批准建设的最大工业项目。

9 月 1 日 农业部重点推广的水稻栽培新技术——免耕抛秧技术在广西实践获得成功。2004 年 5 月 21 日，广西成功培育耐旱高产杂交稻——“培杂桂旱 1 号”。2010 年 7 月 31 日，“桂两优 2 号”通过国家超级稻品种认定，是广西首个获得国家认定的超级稻品种。

9 月 22 日 自治区人民政府印发《贯彻落实〈中国农村扶贫开发纲要（2001—2010 年）〉的若干意见》《防治传染性非典型肺炎应

急预案》。

10月8日 在印度尼西亚巴厘岛举行的第七次中国与东盟（10+1）领导人会议，决定从2004年起每年在广西南宁举办中国—东盟博览会，同期举办中国—东盟商务与投资峰会。12月17日，国务院新闻办公室在北京举行中国—东盟博览会新闻发布会，宣布从2004年起，每年11月在广西南宁举办中国—东盟博览会。

11月18日—19日 自治区党委八届四次全会在南宁召开，审议通过《中共广西壮族自治区委员会关于学习贯彻〈中共中央关于完善社会主义市场经济体制若干问题的决定〉的意见》，强调建立有利于逐步改变城乡二元经济结构的体制、建设统一开放竞争有序的现代市场体系、建立促进经济社会可持续发展的机制。

12月17日 自治区人民政府印发《关于加快全区五保村建设的意见》。2010年1月26日，自治区人民政府印发《关于进一步加快我区农村五保村建设的实施方案》。

12月28日 南宁环城高速公路提前一年建成通车，标志着自治区党委、政府年初提出的当年内全自治区高速公路通车里程突破1000公里的目标如期实现。广西成为西部省区当中继四川、陕西之后高速公路里程突破1000公里大关的第三个省区，也是5个少数民族自治区中第一个实现高速公路里程超过1000公里的自治区。

二〇〇四年

1月30日 柳州两面针股份有限公司在上海证券交易所挂牌上市，成为当时中国最大的牙膏生产企业和全球最大的中药牙膏生产企业。

2月14日 自治区党委、政府召开广西承办中国—东盟博览会电视电话动员大会，对进一步做好首届中国—东盟博览会的筹备工作进行全面部署，动员和要求全自治区各级各部门积极行动起来，举全自治区之力，借全国之力，紧张有序地开展各项工作，以确保首届中国—东盟博览会的举办成功。

同日 自治区党委、政府召开自治区人才工作会议，对今后一个时期广西的人才工作提出总体思路和目标要求，首次提出“人才强桂”战略目标，并为创新人才工作指明方向。4月6日，自治区党委、政府印发《关于进一步加强人才工作的决定》《关于建设广西人才小高地的意见》。

2月21日 自治区党委、政府在钦州举行沿海三市（钦州、北海、防城港）基础设施建设大会战动员大会暨钦州港10万吨级航道扩建工程开工典礼，决定从当年起，用2年左右的时间实施沿海三市基础设施建设大会战，目标是以配套沿海三市工业新区基础设施为重点，使沿海三市的工业区基础设施明显改善，港口竞争力明显增强，招商引资综合竞争力明显提升，能满足大型工业项目进入的条件以及沿海三市工业区今后5至10年发展配套设施的需要。

3月4日 自治区党委、政府印发《关于认真贯彻〈中共中央、国务院关于促进农民增加收入若干政策的意见〉的通知》。

3月8日 自治区人民政府印发《广西壮族自治区农村初级卫生保健规划（2001—2010年）》。

3月20日 中国第一部全新概念的山水实景演出——《印象·刘三姐》在桂林阳朔公演。

3月22日 自治区人民政府印发《广西沿海基础设施建设大会战实施方案》。

4月12日 自治区党委在南宁召开自治区工会共青团妇联工作会议，要求各级工青妇组织围绕中心、服务大局，努力在实现广西"十一五"发展规划目标，推进和谐广西建设中发挥积极作用。

4月23日 自治区人民政府转发《广西壮族自治区"两基"攻坚实施规划（2004—2007年）》，提出用4年时间全面完成基本普及九年义务教育、基本扫除青壮年文盲目标。2007年7月31日，教育部认定广西实现"两基"目标，广西成为全国5个少数民族自治区中第一个实现"两基"目标的自治区。

5月2日 越南社会主义共和国驻南宁总领事馆开馆，这是东盟国家在南宁开设的第一个总领事馆。截至2021年6月，广西共有6个驻南宁领事馆，分别是越南驻南宁总领事馆、柬埔寨驻南宁总领事馆、泰国驻南宁总领事馆、老挝驻南宁总领事馆、缅甸驻南宁总领事馆、马来西亚驻南宁总领事馆。

5月12日 自治区党委、政府印发《关于加快县域经济发展的决定》，明确县域经济发展的总体思路、目标任务和战略重点，提出促进县域经济发展的一系列政策措施。广西县域经济呈现出加快发展、竞相发展的良好势头。

8月 教育部实施"一村一名大学生计划"试点工作，恭城瑶族自治县、三江侗族自治县入选全国首批99个“一村一名大学生计划”试点县名单。

8月29日 自治区党委、政府在市委书记、市长工作会议上提出，调整和完成广西2004年主要经济发展指标、努力实现全自治区主要经济指标“三突破”（全年经济总量突破3000亿元，提前一年实现“十五”目标；财政收入突破400亿元，提前一年实现“十五”目标；规模以上工业盈亏相抵后实现利润突破100亿元，创历史最高水平）。当年，“三突破”目标全部实现。

9月13日 国家发展改革委批复同意建设梧州长洲水利枢纽。2015年1月20日，广西内河运输瓶颈的关键项目——梧州长洲水利枢纽三线四线船闸通航成功并正式投入使用，西江干流3000吨级船舶可直航粤港澳。

9月16日 自治区党委、政府印发《关于贯彻〈中共中央、国务院关于进一步加强和改进未成年人思想道德建设的若干意见〉的实施意见》，要求把未成年人思想道德建设工作落到实处。

9月26日 自治区党委八届五次全会召开，强调要紧抓发展第一要务，增强驾驭社会主义市场经济的能力，认真学习和掌握市场经济知识，自觉按市场经济规律办事，坚持用科学发展观指导整个经济工作，努力做到“五个统筹”。

9月27日 广西最大引水灌溉工程——乐滩水库引水灌区工程正式开工。2008年12月6日，乐滩水库引水灌区骨干工程——上古岭隧洞贯通。2009年11月30日，乐滩水库引水灌区工程获国家发展改革委立项。2010年7月31日，一期工程开工。2015年10月28日，二期工程开工建设。

10月9日 自治区人民政府决定在全自治区全面实施农村教育“312工程”。

11月1日 梧州市依托人造宝石加工贸易优势，举办首届梧州国际宝石节。至2005年，梧州的人造宝石加工业已经与国际全面接轨，加工产量占世界总产量的40%以上，梧州成为当时中国乃至世界最大的人造宝石加工基地和交易集散市场。

11月3日—6日 主题为“共注合作之水，启动时代之钟”的首届中国—东盟博览会和首届中国—东盟商务与投资峰会在南宁成功举办，办出了特色、办出了成效、办出了水平，得到与会嘉宾和国内外各界的广泛赞誉，向中共中央、国务院和广西各族人民交出了一份令人满意的答卷。之后，该“两会”每年举办一届，至2021年已举办18届。得益于连续举办中国—东盟博览会和中国—东盟商务与投资峰会，广西首府、中国—东盟博览会的永久举办地南宁在全国的战略地位日益突出。

11月19日 世界首例体细胞克隆水牛在广西大学诞生。2008年2月26日，世界首例冷冻胚胎克隆水牛在广西水牛研究所诞生。

12月23日 自治区党委、政府决定，广西28个国家级贫困县（自治县）的农业税于2005年起全部取消，广西其他县（市）的农业税率于2005年起降至2%。2006年广西落实中央关于减轻农民负担工作方针，全面取消农业税和农业特产税（烟叶税除外）。

本年 广西柳州钢铁（集团）公司、广西电网公司、广西玉柴机器集团有限公司（简称玉柴集团）等3家企业年销售收入均超过100亿元，这是广西历史上工业企业年销售收入首次突破百亿元。

本年 国家发展改革委、国家民委等9个中直机关单位继续定点帮扶田东、靖西等21个国家重点扶持贫困县（自治县），投入扶贫资金（含捐物折款）1.15亿元，帮助引进资金1.61亿元。

二〇〇五年

2 月 7 日　自治区党委、政府决定，2005—2007 年开展平安广西建设。

2 月 23 日　自治区基本医疗保险实现所有统筹地区、所有用人单位和所有参保人群全覆盖。

3 月 8 日　自治区扶贫开发工作会议部署分批整村推进贫困村扶贫开发工作，提出到 2010 年基本解决广西农村贫困人口温饱问题。

3 月 22 日　黔桂两省（自治区）经济社会发展交流会、广西发展环境介绍会暨黔桂两省（自治区）经贸合作项目签约仪式在贵阳举行，双方签订关于进一步加强两省（自治区）经济社会发展合作的框架协议。

3 月 28 日　自治区党委、政府印发《关于贯彻〈中共中央、国务院关于进一步加强农村工作提高农业综合生产能力若干政策的意见〉的通知》。

5 月 24 日　自治区扶贫部门审核筛选认定的第一批 64 家扶贫龙头企业在南宁授牌。

6 月 27 日　自治区党委、政府批准《2005—2010 年广西壮族自治区红色旅游发展规划纲要》。

7 月　在自治区上半年工作汇报会上，自治区党委、政府提出 2005 年广西要实现“双过千”的目标：人均生产总值越过 1000 美元、人均财政收入越过 1000 元人民币。经过全自治区各族人民共同奋斗，

“双过千”奋斗目标胜利完成，为“十五”计划的全面完成画上了圆满句号。

8月　自治区党委提出远景发展战略：建设“四个广西”（富裕广西、文化广西、生态广西和平安广西），构建和谐广西，加快全面建设小康社会建设的进程，其中建设富裕广西，就是要实现富民兴桂。

9月25日　自治区党委、政府印发《关于进一步加强民族工作，加快少数民族和民族地区经济社会发展的意见》。

10月29日　自治区党委八届六次全会审议通过《关于制定国民经济和社会发展第十一个五年规划的建议》，提出“十一五”时期广西国民经济和社会发展的主要目标：在优化结构、提高效益和降低消耗的基础上，2010年人均生产总值比2000年翻一番以上；九年义务教育普及和巩固，城乡就业岗位不断增加，社会保障体系比较健全，贫困人口持续减少，构建和谐广西取得新进步。同时，会议明确提出加快建设“四个广西”的战略构想。此后，广西经济发展进入由艰难爬坡向经济起飞转变的“十一五”时期。2006年1月16日，自治区十届人大四次会议表决通过《自治区国民经济和社会发展第十一个五年规划纲要》。

11月21日—23日　首届桂台经贸合作交流会在广西南宁举行。广西与台湾有关方面商定，从当年始，每年在广西举办一届桂台经贸合作交流会，密切了桂台关系，推动了双方经贸、文化、交往等领域合作快速向前发展。

11月30日　广西累计建设沼气池271.15万座，其中生态家园户70多万户，沼气池入户率达31.9%，沼气池建设数量及入户率位居全国第一。

12月28日　广西第一条沥青混凝土路面高速公路——南友高

速公路建成通车。南友高速公路的建成，对促进广西乃至全国经济发展和国防建设，促进中国—东盟经济一体化进程，提升广西及中国在国际上的影响力具有重大作用，在广西交通史上具有重要意义。

二〇〇六年

2月5日 自治区党委印发《关于大力繁荣发展哲学社会科学的意见》。

2月23日 自治区党委、政府印发《关于贯彻落实〈中共中央、国务院关于推进社会主义新农村建设的若干意见〉的通知》。2007年3月2日，自治区党委、政府印发《关于积极发展现代农业扎实推进社会主义新农村建设的实施意见》；7月27日，自治区新农村“百村示范”建设工作会议召开，全面启动社会主义新农村建设“百村示范工程”。

3月22日 自治区党委、政府举行北部湾（广西）经济区规划建设管理委员会及其办公室成立大会暨授牌仪式，经济区有了统一规划、统一建设、统一管理机构，标志着北部湾（广西）经济区正式挂帆出征、整装而发，广西沿海地区开放发展进入了一个新的历史阶段。

4月5日 自治区党委、政府印发《关于贯彻〈中共中央、国务院关于实施科技规划纲要增强自主创新能力的决定〉的实施意见》。4月14日，自治区人民政府印发《广西壮族自治区中长期科学和技术发展规划纲要（2006—2020年）》。

4月28日 经农业部、商务部、国务院台办批准的海峡两岸（广西·玉林）农业合作试验区正式启动。

7月6日 自治区党委、政府在防城港举行北部湾（广西）经济区沿海基础设施建设大会战第二期项目开工现场会，对大会战工作进行动员部署并举行项目开工仪式。二期工程包括铁路、航道、水利供水、道路、电网共五大类 33 个项目，总投资 58.4 亿元。

7 月 20 日—21 日 首届泛北部湾经济合作论坛在南宁举行，广西提出中国—东盟“一轴两翼”区域经济合作新格局的战略构想。此后，该论坛每年举办一次。

7 月 广西启动农村特困群众最低生活保障试点工作，武鸣县、灵山县、钟山县、平果县、永福县、鹿寨县、港南区 7 个县（区）率先试点。

8 月 3 日 自治区党委提出，南宁市要实施重点向南战略，开发新区，集中力量做好五象新区建设。

8 月 16 日 自治区党委决定，各级党委、政府要严格执行国家扶助贫困生的有关规定，进一步建立和健全贫困生扶助长效机制，帮助各阶段在校学生顺利完成学业，绝不能让一个学生因贫困而失学。是年，解决了 2.33 万名贫困生的开学学费、生活费和入学路费问题。

8 月 20 日 胡锦涛在北京听取广西工作汇报时指出，广西要把发展放在第一位，要进一步扩大开放，发挥沿海优势；广西沿海发展应形成新的一极。广西同泛北部湾合作结合起来，这篇文章会做得很大，前景广阔。

8 月 30 日 自治区党委提出开展城乡清洁卫生运动，实施“城乡清洁工程”，彻底改变广西城乡卫生面貌。12 月 22 日，自治区人民政府常务会议审议通过《关于实施“城乡清洁工程”的决定》。2011 年 8 月 13 日，自治区人民政府印发《深化完善城乡清洁工程长效管理机制实施方案》。

8 月 广西现有 14369 个行政村全部通电话。

9 月 自治区党委提出，柳州要向东发展，把柳东新区建设成为广西率先实现工业化的示范城市及区域性先进制造业基地、交通枢纽和现代商贸物流中心。

11月12日 自治区党委八届十次全会召开，强调把构建社会主义和谐社会摆在更加突出的地位，千方百计加快经济社会发展，着力解决人民群众最关心、最直接、最现实的利益问题，加强和谐社会的制度建设和创新，努力提高构建和谐社会的本领，不断开创广西和谐社会建设的新局面。

11月15日—19日 自治区第九次党代会在南宁召开，强调要抓住机遇，加快发展，建设富裕文明和谐新广西，经过全自治区各族人民的艰苦奋斗和不懈努力，把广西建设成为经济发展、人民富裕、民主进步、法制健全、文化繁荣、民族团结、社会安定、环境优美的新广西。今后15年，要立足于5年打基础、10年上水平，努力推动经济社会发展迈上新台阶。

12月20日 自治区农村综合改革试点工作会议在南宁召开，传达学习全国农村综合改革工作会议精神，部署自治区农村综合改革试点工作。

12月30日 中国石油广西石化千万吨炼油项目启动奠基仪式在钦州举行。2007年2月12日，国家发展改革委核准批复。2008年3月30日，成品油外输管道工程在钦州开工建设。2010年9月8日，项目建成投产。

二〇〇七年

1月8日 自治区党委、政府印发《关于贯彻〈中共中央、国务院关于深化文化体制改革的若干意见〉的实施意见》。

1月11日 自治区党委、政府决定自2007年起用2年左右时间，在都安、大化、隆安、马山、天等5个少数民族聚居的大石山区开展基础设施建设大会战。

1月12日 自治区党委决定，各级党委、政府要高度重视清欠农民工工资和工程款问题，将其作为关系国计民生的大事、关系维护市场秩序和社会稳定的重要工作，切实抓紧抓实。

1月17日 自治区党委九届二次全会审议通过《广西全面建设小康社会规划纲要（2006—2020年）》，明确提出全面建设小康社会的具体措施：坚持以科学发展观为指导，实现经济又好又快发展；抓住机遇，发挥优势，实施充分的开放合作；坚持以工业化、城镇化为主导，加快工业化城镇化进程；坚持改革创新，为加快发展提供强大动力；大力促进社会和谐，激发全民干事创业的热情。

1月27日 自治区人民政府印发《广西壮族自治区"十一五"城镇化发展规划》《广西出海出边国际大通道建设"十一五"规划》。

2月14日 广西北部湾开发投资有限责任公司和广西北部湾国际港务集团有限公司正式成立。这标志着广西在积极推动泛北部湾经济合作、加快推进北部湾（广西）经济区全面开放开发进程中迈出了重要一步，取得了实质性的突破。

3 月 3 日 全国政协十届五次会议召开。会议将加快北部湾经济区开发与建设、推动北部湾区域经济合作与发展纳入全国政协工作报告中，并作为 2007 年全国政协常委会的专题协商议题。7 月 23 日，全国政协在北京召开专题协商会，与会各方围绕“加快广西北部湾经济区开发与建设，推进北部湾区域经济合作与发展”问题建言献策。

3 月 7 日 桂林漓江景区、乐满地度假世界通过全国旅游景区质量等级评定委员会 5A 级旅游景区试点验收。

3 月 9 日 胡锦涛参加十届全国人大五次会议广西代表团审议时指出，广西沿海、沿边、沿江，地处华南经济圈、西南经济圈与东盟经济圈的结合部，区位优势明显。随着中国—东盟自由贸易区的建立，广西作为连接西南、华南、中南以及东盟大市场的枢纽，将日益发挥重要作用。广西的同志一定要抓住难得的机遇，充分发挥区位优势，进一步扩大对外开放和互利合作。

4 月 12 日 自治区人民政府分别在环江毛南族自治县和东兴市举行国家扶持人口较少民族（毛南族、京族）基础设施建设项目启动仪式。

5 月 8 日 自治区党委、政府印发《关于推进承接产业转移工作的决定》，提出努力把广西建设成为承接产业转移的重要基地，推动广西经济又好又快发展。9 月，富士康集团决定投资 30 亿美元，在铝材深加工、电子信息、环保节能、新型材料等产业与广西开展全面合作。这是广西承接东部产业转移取得的一项重大成果，对于提升壮大广西产业、增强综合经济实力，具有重大促进作用。

5 月 12 日 自治区人民政府印发《关于加快中小企业发展的若干意见的通知》。

7 月 23 日—27 日 自治区十届人大常委会第二十七次会议表决通过《关于批准〈生态广西建设规划纲要〉的决定》。

8月8日 自治区人民政府在三江侗族自治县举行桂西北少数民族聚居村寨火灾整治示范工程开工仪式。

8月20日 自治区党委作出桂林城市发展的战略部署：保护漓江，发展临桂，奏响桂林向西发展、建设临桂新区的序曲。

9月11日 联合国人居署公布2007年“联合国人居奖”获奖名单，南宁市在全球7个获奖得主中排名第一。

10月16日 自治区人民政府召开专题会议部署加快推进北部湾经济区的重点产业项目、临海三大工业区基础设施、保税物流港（区）基础设施和泛北部湾经济合作等项目的前期工作，加快北部湾经济区的开发建设步伐。

10月30日 国务院扶贫办、广西壮族自治区人民政府主办的首届中国—东盟社会发展与减贫论坛开幕。此后，该论坛每年举办一次。

11月7日—8日 自治区党委九届四次全会在南宁召开，审议通过《中共广西壮族自治区委员会关于学习贯彻党的十七大精神的决定》，强调根据党的十七大提出的全面建设小康社会奋斗目标的新要求，继续坚持自治区第九次党代会确定的“五年打基础、十年上水平”的部署，适当调整经济社会发展目标，在保持经济快速增长的基础上，注重增强发展协调性、扩大社会主义民主、加强文化建设、发展社会事业、建设生态文明，加快推进广西改革开放和现代化建设。

12月22日 自治区党委、政府印发《关于全面实施职业教育攻坚的决定》。

二〇〇八年

1月16日 国务院批准实施《广西北部湾经济区发展规划》，标志着广西北部湾经济区开放开发已被纳入国家发展战略；11月28日，自治区党委、政府印发《关于全面实施〈广西北部湾经济区发展规划〉的决定》。2010年1月24日，自治区十一届人大常委会第十三次会议表决通过《广西北部湾经济区条例》；3月21日，住房和城乡建设部批复同意《广西北部湾经济区城镇群规划纲要》。

2月5日—8日 胡锦涛到桂林、南宁、百色等地指导抗灾工作，看望慰问灾区群众，以及坚守岗位的基层干部职工、解放军、武警官兵，同广西各族干部群众一起过年。考察中，胡锦涛指出，广西要全面贯彻落实党的十七大精神，牢牢把握国家深入推进西部大开发的宝贵机遇，努力在继续解放思想上迈出新步伐，在坚持改革开放上实现新突破，在推动科学发展上取得新进展，在促进社会和谐上见到新成效，不断把广西各项事业推向前进。

2月21日 自治区党委印发《关于开展继续解放思想大讨论活动的通知》。

3月4日 自治区党委、政府召开自治区交通工作会议，强调以思想大解放为动力，兴起交通建设新高潮，推动广西交通事业又好又快发展。5月6日，广西掀起交通建设新高潮动员大会召开，会上提出今后5年交通建设总投入2600亿元以上。

4月11日 自治区党委、政府印发《关于贯彻〈中共中央、国务院关于切实加强农业基础建设进一步促进农业发展农民增收若干意见〉的实施意见》。

5月29日 国务院批准设立钦州保税港区。2009年12月23日，钦州保税港区通过国家验收。2011年2月16日，广西钦州保税港区举行开港仪式，全面开港运营，这是广西北部湾经济区开放开发的重要里程碑，标志着钦州保税港区向国际性航运中心、物流中心和出口加工基地的目标迈进。

6月2日 世界品牌实验室公布2008年中国500个最具价值品牌排行榜，“玉柴”品牌价值在发动机行业中位居第一。

6月 自治区党委、政府决定开展兴边富民行动基础设施建设大会战，计划用1年时间解决距边境线3公里范围内村屯的基础设施落后的问题。7月17日，自治区党委、政府印发《关于掀起交通建设新高潮的决定》。7月20日，凌云、乐业、西林、田林、隆林等桂西五县（自治县）基础设施建设大会战启动。2009年9月1日，自治区党委、政府决定，从是日起至2010年底，实施第二期边境3—20公里地区兴边富民行动基础设施建设大会战。

7月16日 自治区党委、政府在南宁召开自治区民生工作电视会议，研究部署广西民生工作，进一步动员全自治区上下关注民生、重视民生、保障民生、改善民生，努力让各族人民充分享受改革发展成果。会议确定当前和今后一个时期，在保障和改善民生工作方面，广西将投入450亿元以上，突出抓好10项工作。

7月23日 自治区党委、政府印发《关于全面推进城镇污水生活垃圾处理设施建设的决定》。

8月22日 自治区党委、政府印发《关于加强青少年体育增强青少年体质的实施意见》。

8月28日 自治区人民政府印发《广西千亿元工业产业和重点

工业产业发展实施方案》，提出要以重大项目为龙头，以大企业大集团为支撑，以技术创新和品牌建设为核心，以工业园区为平台，以延伸产业链和产业集聚为方向，坚持市场主导，加强政府引导，全力打造七大千亿元支柱产业，积极培育七大200亿元特色产业，进一步壮大产业规模，调整产业结构，优化产业布局，提升产业竞争力，推动全自治区经济又好又快发展。

8月30日　自治区人民政府印发《关于贯彻落实〈国务院关于做好免除城市义务教育阶段学生学杂费工作通知〉的通知》。

9月1日　《广西壮族自治区劳动保障监察办法》施行。

9月11日　自治区党委九届六次全会审议通过《关于实施科学发展三年计划的决定》，提出努力把广西建设成为国际区域经济合作新高地、中国沿海经济发展新一极，加快建设富裕文明和谐新广西步伐，与全国同步实现全面建设小康社会目标，不断开创科学发展、加快发展、跨越发展新局面。

9月26日　自治区党委召开自治区深入学习实践科学发展观活动动员大会，部署开展深入学习实践科学发展观活动。活动至2010年2月结束，全自治区共有4万多个单位195万多名党员参加。

10月13日　国家铁路“十一五”规划的重点项目——贵（阳）广（州）铁路开工动员大会在桂林举行。

11月9日　南宁至广州高速铁路建设动员大会在梧州举行。

12月11日　广西壮族自治区成立50周年庆祝大会在南宁举行，中央政府赠送“民族团结宝鼎”。大会上，中央代表团给予广西高度评价，称广西壮族自治区是民族团结的模范、维护统一的模范、维护稳定的模范，是我国民族关系“三个离不开”的模范，是中华民族强大凝聚力的生动体现。

12月19日　国务院批准设立广西凭祥综合保税区。2011年9月

30日，广西凭祥综合保税区正式封关运营。

12月22日 自治区党委九届七次全会审议通过《关于贯彻党的十七届三中全会精神推进农村改革发展的决定》，强调要坚持把解决好农业、农村、农民问题作为全部工作的重中之重，抓住机遇，开拓奋进，努力开创农村改革发展新局面。

二〇〇九年

1月1日 首列中国南宁至越南河内的国际列车从南宁开行。

1月6日 全国水利工作会议在南宁召开，提出要坚决打好水利建设攻坚战，高标准做好各项水利工作，为促进经济平稳较快发展作出新的更大贡献。3月19日，自治区党委、政府印发《关于掀起水利建设新高潮的决定》，提出广西三年水利发展的目标任务：以加快建设骨干工程、农村饮水安全、病险水库除险加固、灌区节水改造、防洪保安工程、水利生态治理等“六大工程”为重点，以加大投入为保障，以创新体制机制为动力，着力构建防洪、供水、水环境三大体系，实现水资源大区向水利强区跨越。

1月20日 中央文明委在北京表彰第二批全国文明城市、文明村镇、文明单位和全国创建文明城市工作先进城市、先进村镇。南宁市获“全国文明城市”称号，桂林市、柳州市获“全国创建文明城市工作先进城市”称号。

1月23日 自治区党委、政府印发《关于全面推进集体林权制度改革的实施意见》。

2月11日 海关总署、财政部、国家税务总局和国家外汇管理局联合批准设立南宁保税物流中心。

2月24日 自治区党委、政府印发《关于促进残疾人事业发展的意见》。

2月 广西壮族自治区人民政府聘中国科学院院士孙家栋任桂林

电子科技大学名誉校长。孙家栋是运载火箭与卫星技术专家，中国科学院院士，国际宇航科学院院士，2009 年度国家最高科学技术奖获得者。

3 月 19 日 自治区人民政府批准防城港、钦州港和北海港统一使用“广西北部湾港”名称。2010 年 3 月 17 日，自治区人民政府批复《广西北部湾港总体规划》。2020 年，广西北部湾港首次迈入全国十大沿海港口行列。2021 年 2 月，《国家综合立体交通网规划纲要》确定广西北部湾港为国际枢纽海港。

5 月 13 日 自治区党委在贵港召开加快西江黄金水道建设专题座谈会，强调要全力加快西江亿吨级黄金水道建设步伐，以此带动西江经济带发展，使之成为广西科学发展、和谐发展、跨越发展的新引擎，努力形成区域协调发展新格局。8 月 21 日，经自治区党委、政府批准成立的自治区西江黄金水道建设领导小组办公室挂牌成立。

5 月 21 日—27 日 桂台经贸合作论坛首次在台北举行。广西经贸文化代表团 1500 人赴台参加论坛。广西由此成为中国大陆各省（自治区、直辖市）中第一个由省区级领导率团赴台进行经贸文化交流的省区。

9 月 1 日 自治区党委、政府印发《关于创建社会和谐稳定模范区的决定》。

9 月 11 日 自治区新型农村社会养老保险试点工作会议在南宁举行，启动广西新农保试点工作。2012 年 2 月 23 日，自治区人民政府批准实施《新型农村社会养老保险制度全覆盖实施方案》。

9 月 30 日 自治区党委、政府印发《抓住中国—东盟自由贸易区建成机遇加强广西与东盟全面开放合作的工作意见》。

10 月 1 日 《广西壮族自治区农村居民最低生活保障办法》施行。

10 月 15 日 自治区人民政府转发《国务院关于进一步繁荣发展

少数民族文化事业的若干意见》的通知。

10月19日 南宁—澳门—台北航线开通。

10月26日 广西壮族自治区人民政府与袁隆平签订项目框架合作协议，决定在广西建立袁隆平东盟农业科技博览园和国家杂交水稻工程研究中心东盟分中心等。2010年4月29日，广西百色国家农业科技园挂牌成立，广西袁氏科技有限公司超级稻百色试验基地奠基。

11月9日 上汽通用五菱西部总装车间年产第100万辆汽车下线，标志着广西汽车工业迈上了一个新台阶；同年12月，上汽通用五菱成为中国第一个年产销超过100万辆的汽车品牌。

11月10日 自治区党委、政府在南宁举行13位广西壮族自治区主席农业院士顾问的聘任仪式，向出席聘任仪式的袁隆平、石元春、傅廷栋、向仲怀、金鉴明、张齐生、戴景瑞、陈宗懋、夏咸柱、谢华安等10位院士颁发了聘书。

11月19日 受北方早雪和南方寒潮影响，连续7年畅销的广西香蕉当年秋出现首次滞销、大跌价。胡锦涛对此作出指示，这充分体现了中共中央、国务院对广西工作特别是“三农”工作的高度重视和对广西蕉农无微不至的关心与关怀。11月20日，自治区党委常委会会议传达学习中央领导关于广西香蕉销售问题的指示精神，研究并出台具体措施。不到一个星期，广西香蕉价格呈现回升势头，保持基本稳定。

12月7日 国务院印发《关于进一步促进广西经济社会发展的若干意见》，将广西科学划分为北部湾经济区、西江经济带和桂西资源富集区三大区域，指出广西要构筑国际区域经济合作新高地，培育中国沿海经济发展新的增长极。到2020年，广西实现全面建设小康社会目标，人均地区生产总值达到全国中等水平，基本公共服务能力达到全国平均水平等。

12月24日 自治区党委、政府印发《关于做大做强做优我区工业的决定》，提出要优先重点发展14个千亿元产业，大力发展四大新兴产业，积极发展低碳经济，加快形成产业集群，进一步优化工业发展环境，走出一条工业实力强、科技含量高、经济效益好、资源消耗低、环境污染少、人力资源得到充分发挥的具有广西特色的新型工业化道路。

12月25日 自治区经济工作会议部署实施“两区一带”（优先发展北部湾经济区、加快开发桂西资源富集区、大力打造西江经济带）区域发展总体布局。

二〇一〇年

1月24日 自治区党委、政府召开广西北部湾经济区发展工作座谈会，强调举全自治区之力加快推进大产业、大交通、大港口、大物流、大城建、大旅游、大招商、大文化的发展，推动北部湾经济区取得重点突破，实现跨越发展，开创全新局面。3月1日，自治区党委、政府印发实施《关于加快广西北部湾经济区大产业大港口大交通大物流大城建大旅游大招商大文化发展实施意见》。

1月26日 自治区党委、政府召开自治区实施质量兴桂战略工作会议，部署实施质量兴桂战略，推动质量兴桂工作再上新台阶，促进经济社会又好又快发展。这是自治区党委、政府着眼全局确定的重大举措和战略任务，关系广西转变经济发展方式和可持续发展，关系广西产品综合竞争力的提高和企业的生存发展，关系人民群众的安全健康和社会和谐稳定。

2月26日 自治区党委、政府在南宁召开自治区旅游工作会议，提出了广西旅游业的宏伟目标：打造千亿元产业，加快旅游强区建设步伐，努力把旅游业培育成为广西国民经济的战略性支柱产业和人民群众更加满意的现代服务业。

3月1日 自治区人民政府印发《广西西江黄金水道建设规划》。

3月10日 时任中共中央政治局常委、中共中央书记处书记、国家副主席习近平参加十一届全国人大三次会议广西代表团全体会议时指出，希望广西的同志抓住和用好难得的发展机遇，在构筑国际区域经济合作新高地，培育中国沿海经济发展新一极，建设富裕文明和谐民族地区的过程中，努力开创科学发展、和谐发展、跨越发展新局面。

3月11日 广西壮族自治区人民政府在北京召开中央直属机关、企事业单位定点扶持广西贫困县工作座谈会。

4月15日 自治区党委、政府启动30个县（市、区）大石山区人畜饮水工程建设大会战。至2012年，大会战共完成投资24.25亿元，解决158.66万人饮水安全问题，群众生产生活条件大为改善，治旱惠民成效迅速显现。

5月10日 自治区人民政府召开会议，贯彻落实国务院关于扶贫开发工作意见精神，研究部署全自治区开展农村最低生活保障制度和扶贫开发政策有效衔接试点工作。5月28日，自治区人民政府批准实施《广西农村最低生活保障制度和扶贫开发政策有效衔接试点实施方案》，试点范围覆盖全自治区所有国家扶贫开发工作重点县。

5月19日 广西壮族自治区人民政府与财政部、国土资源部在北京签订整体推进农村土地整治示范协议，中央财政投入25亿元。11月12日，桂中农村土地整治重大工程开工建设。2012年12月28日，该工程143个子项目全部完工。

5月22日 自治区党委、政府启动有史以来单批次面向全国选拔人才最多的一次公选活动，面向全国公开选拔377名工业化、城镇化人才，其中副处级领导职位45名、副科级领导职位332名，职位覆盖全自治区14个设区市、钦州保税港区及111个县（市、区）。

5月24日 自治区人民政府印发《关于实施“绿满八桂”造林绿化工程的意见》，提出从2010年起，在全自治区实施涵盖山上山下、城市乡村、道路河流、单位园区整个国土的绿化工程，明确2010年至2015年全自治区造林绿化的总体目标、建设任务和政策措施。

7月22日 南宁—台北直航定期航班首航仪式在南宁吴圩国际机场举行。

7月28日 自治区党委、政府召开西部大开发工作会议，学习贯彻中共中央西部大开发工作会议和《中共中央、国务院关于深入实施西部大开发战略的若干意见》精神，研究部署实施新一轮西部大开发工作。会议提出第二个十年广西西部大开发的总体要求：力争到2015年，人均地区生产总值达到西部地区中等水平；到2020年，实现全面建设小康社会目标；等等。

7月30日 新一轮西部大开发标志性工程、我国西部地区和少数民族地区第一个核电项目——广西防城港核电站一期工程正式开工。2016年1月1日，1号机组投入商业运行，每天发电量2400万千瓦·时；11月2日，中广核防城港核电一期工程全面建成。

9月1日《广西壮族自治区实施〈中华人民共和国妇女权益保障法〉办法》《广西壮族自治区实施〈中华人民共和国义务教育法〉办法》施行。

9月6日—7日 自治区党委、政府召开自治区教育工作会议，提出到2020年，全面完成国家教育规划纲要提出的各项主要发展指标，与全国同步基本实现教育现代化，基本形成学习型社会，进入西部人力资源强省（区）行列，建成面向东盟的教育国际交流与合作高地和国家民族教育示范区。

10月31日 自治区党委九届十三次全会审议通过《关于制定国民经济和社会发展第十二个五年规划的建议》，提出“十二五”主要目标：经济平稳较快发展，力争到2015年实现地区生产总值比2010年翻一番，财政收入翻一番以上，经济结构调整取得重大进展，城乡居民收入普遍较快增加，生态文明建设成效显著，社会建设明显加强，改革开放不断深化。2011 年 1 月 21 日，自治区十一届人大四次会议表决通过《自治区国民经济和社会发展第十二个五年规划纲要》。

11 月 11 日　钦州港经济开发区经国务院批准升级为国家级经济技术开发区，定名为钦州港经济技术开发区。

11 月 18 日　中国最大锰矿企业、全球第一大电解金属锰供应商——中信大锰控股有限公司在香港挂牌上市，中信大锰控股有限公司成为中国首家在香港联交所主板上市的资源型锰业企业，也是广西首家在香港主板上市的国有企业。

12 月 19 日　自治区党委、政府印发《关于加快推进我区城镇化跨越发展的决定》，指出力争到“十二五”末广西城镇化水平达 50% 左右，接近全国平均水平。

12 月 28 日　自治区扶贫连片开发试点工作会议在百色市凌云县举行。会议总结交流扶贫连片开发试点经验，探索扶贫连片开发有效方式，为推动下一个 10 年广西扶贫开发事业发展奠定基础。

本年　自治区人民政府决定从是年春季学期起，对就读普通高中的库区移民子女和在国家扶贫开发工作重点县就读的普通高中学生实施免除学费。

二〇一一年

1月7日 2011年广西科技活动周开幕式暨科技表彰奖励大会在南宁举行。“五菱之光”系列微型汽车自主研发及制造，“广西三号”“广西五号”无籽西瓜品种选育及应用推广获得2010年度广西科学技术特别贡献奖。

1月24日 自治区党委、政府在武鸣县双桥镇平陆村举行“兴水利、大种树、优生态、强基础、惠民生、促发展”主题活动大推进仪式。

1月27日 隆林—百色高速公路建成通车，两地间路程从5小时缩短到不足2小时，成为联系云南、贵州两省最便捷的公路通道，标志着广西、贵州两省（自治区）陆路交通仅靠国道G324线连接的时代结束，破解了西南地区出海、出边大通道的瓶颈。

2月13日—15日 广西党政代表团到广东学习考察。其间，广西壮族自治区人民政府与中国南方航空集团公司签订“十二五”战略合作框架协议，与南方电网公司签订“十二五”电力发展战略合作框架协议。

2月16日 广西柳州汽车城奠基暨上汽通用五菱年产40万辆轿车新基地、东风柳汽年产10万辆商用车新基地项目启动仪式在柳州举行，标志着广西打造柳州汽车城迈出实质性步伐，是广西汽车产业发展史上的重要里程碑。

3月3日 国家发展改革委批复大藤峡水利枢纽工程项目。2014

年 11 月 15 日，工程开工建设。

3 月 7 日 自治区《中长期教育改革和发展规划纲要（2010—2020 年）》发布。

3 月 14 日 自治区人民政府宣布，自 2011 年起，广西将每年举办一届园林园艺博览会。园博会采取申报制，由 14 个设区市轮流举办。柳州市获得首届广西园林园艺博览会主办权。

3 月 16 日 国家科技支撑计划项目——“全钢子午线巨胎生产工艺和关键装备研发项目”在桂林通过科技部专家组验收，项目关键装备主要技术指标达到国际先进水平，打破国际技术垄断。

3 月 24 日 国家发展改革委、交通运输部和湖北、广西、江苏三省（自治区）政府，通过视频互通方式，在三地同时举行国家内河高等级航道“十二五”建设启动仪式。广西内河高等级航道“十二五”建设的重点是加快建设连接南宁、贵港、梧州等市的内河水运主通道，形成以西江水运干线和右江、红水河、柳黔江水运通道为主骨架的内河航道网，全面提升西江黄金水道航运能力。

4 月 19 日 中粮集团崇左甘蔗制糖循环经济项目在崇左启动，标志着广西制糖业将在提高精深加工和综合利用水平方面更上一层楼。

4 月 20 日 自治区党委、政府在南宁举行自治区主席院士顾问聘请仪式，新聘自治区主席院士顾问共 39 位。

5 月 19 日 钦州茅尾海海洋公园获国家海洋局批准，建立国家级海洋公园。

5 月 27 日 自治区人民政府在桂林召开桂林世界旅游城建设规划现场办公会，强调要高起点、高标准、高水平规划建设桂林世界旅游城。

6 月 28 日 百色起义英雄雕塑园开园暨广西百万青少年“重走

小平路”红色体验活动启动仪式在百色起义纪念馆广场举行。

7月4日 自治区党委、政府印发《关于实现水利改革发展新跨越的决定》。

7月19日 中铝广西有色稀土开发有限公司成立揭牌仪式在南宁举行，标志着广西稀土产业升级发展迈出新步伐。

7月25日 广西金融电子结算服务中心正式成立。该中心是一个服务广西、辐射全国的高效、快捷、低成本的金融服务平台，以资金清算为基础，功能涵盖金融后台研发、技术支持、评估咨询等多个方面，极大地提高了广西资金支付结算效率，填补了广西在金融后台研发基地、技术支持平台方面的空白。

9月3日 玉柴集团、广西建工集团、广西投资集团和柳工集团共4家企业入围中国企业500强。

9月20日 自治区人民政府批准实施《城镇居民社会养老保险试点实施办法》；2012年6月14日，批准实施《城镇居民社会养老保险制度全覆盖实施方案》；2013年1月31日，印发《企业职工基本养老保险自治区级统筹政府责任分担暂行办法》。

10月14日 南宁市获“国家森林城市”称号；12月20日，获“全国文明城市”“国家卫生城市”称号。

10月19日—20日 国务院扶贫办在百色召开广西基础设施建设大会战经验暨连片特困地区扶贫攻坚战略研讨会。

10月20日 经自治区人民政府同意，自治区发展改革委、扶贫办联合印发《广西壮族自治区农村扶贫开发“十二五”规划》。

10月25日 自治区党委、政府在桂林举行桂林世界旅游城揭幕仪式，这是广西旅游产业发展的一个重要里程碑，标志着广西打造桂林世界旅游城迈出了实质性步伐，是加快推进城镇化跨越发展、加快服务业发展进程的一件大事和喜事。

10月31日 自治区党委、政府在南宁五象新区召开现场办公会，就五象新区规划建设及广西文化产业城、体育产业城发展等问题进行研究部署，强调突出文化产业的引领和支撑作用，以更大力度、更大气魄、更实措施推进五象新区建设，努力把五象新区建设成为国内一流、世界先进、独具特色的现代化新城。

11月8日 广西规划馆在南宁五象新区正式落成开馆，标志着南宁五象新区“三馆三街”项目建设取得重大突破，标志着全面开发建设五象新区的条件已经成熟，是广西推进文化大发展大繁荣的实际行动和具体成果。

11月11日—15日 自治区第十次党代会在南宁召开，提出加快建设西部经济强区、民族文化强区、社会和谐稳定模范区、生态文明示范区、民族团结进步模范区的战略构想，构建国际区域经济合作新高地、中国沿海经济发展新一极，在西部地区争当贯彻落实科学发展观排头兵、率先实现全面建设小康社会目标。

11月22日 广西首批八桂学者、特聘专家聘任仪式在南宁举行。27位八桂学者，平均年龄50岁，其中来自海外4人、来自区外10人，国家杰出青年科学基金获得者3人、“长江学者”特聘教授1人、中科院“百人计划”人选4人、国家“千人计划”特聘专家1人。31名特聘专家，平均年龄49岁，其中海外引进人才5人，包括国家杰出青年科学基金获得者3人、“长江学者”特聘教授1人。

12月1日 世界客属第二十四届恳亲大会在北海开幕，来自海内外156个客属社团的6500多位客属代表和嘉宾齐聚南珠古郡，共襄盛举，共谋发展。世界客属恳亲大会是海内外客属乡亲联络乡谊和进行跨国跨地区交往的重要载体，也是各国各地区客家人开展经济合作和文化交流的重要舞台。

12月9日 第一届广西名特优农产品交易会在南宁开幕。

12月11日 广西、广东两省（自治区）在北京举行"十二五"粤桂战略合作框架协议签署仪式。双方以全局眼光谋划战略合作，充分利用中国—东盟自由贸易区和泛珠三角区域合作平台，发挥各自比较优势，创新合作机制，拓宽合作领域，提升合作层次，建立两省（自治区）经济、社会、文化全方位更紧密合作关系，共同构建互利共赢的合作与发展新格局。

12月12日 世界羽联超级系列赛总决赛开幕式在柳州举行，这是世界羽联超级系列赛总决赛首次在中国举行。

12月17日 《广西壮族自治区教育事业改革和发展"十二五"规划》发布。

12月18日 玉柴集团举行建厂60周年纪念大会。经过60年发展，玉柴已是一家现代化的国际大型企业集团，成为中国最大、产品型谱最全的内燃机制造基地，中国最大的中小型液压挖掘机生产和出口基地。2011年中国企业500强，玉柴集团排名第215位；2011年中国制造业企业500强，玉柴集团排名第108位。2011年全球工程机械制造商50强排行榜，广西玉柴重工有限公司首次荣登榜单，名列第43位。

12月26日 自治区党委、政府在南宁召开自治区扶贫开发工作会议，深入学习贯彻中央扶贫开发工作会议精神，总结21世纪前10年广西扶贫开发工作取得的成就和经验，分析当前和今后一个时期广西扶贫开发工作面临的形势，动员全自治区各方面力量，坚决打好新一轮扶贫开发攻坚战。会议确定新一轮扶贫开发攻坚战的总体目标：到2020年，稳定实现扶贫对象不愁吃、不愁穿，保障其义务教育、基本医疗和住房，贫困地区农民人均纯收入增长幅度高于全自治区平均水平，基本公共服务主要领域指标达到全自治区平均水平，逐步缩小发展差距。

12月29日 广西总投资1183亿元的48个重大项目集中开工，包括广西龙门跨海大桥、桂林—南宁高速公路改扩建工程、贵港—合浦高速公路、梧州—柳州高速公路、南宁轨道交通一号线工程等交通基础设施重大项目，以及南宁五象新区金融街、文化街、民族风情街项目等重大城建项目和中石油广西石化含硫原油加工配套工程主体装置建设等一批重大工业项目。

二〇一二年

1月1日 自治区第一部综合性生态环境保护法规——《广西壮族自治区漓江流域生态环境保护条例》施行。

1月4日 中越两国12省区农业合作交流暨农业厅长联席会议在南宁举行，会议通过《中越边境农业合作发展南宁共识》。

1月30日 第六批国家农业标准化示范区项目——国家级横县茉莉花生产标准化示范区通过验收。

2月8日 百色市、凌云县分别被住房和城乡建设部命名为国家园林城市和国家园林县城。

同日《广西壮族自治区建设民族文化强区实施纲要（讨论稿）》发布，提出在2012—2020年，把广西努力建设成具有时代特征、八桂风格、和谐兼容的民族文化强区，成为在全国有较大影响力的区域文化中心、中国与东盟文化交流枢纽、中国文化走向东盟的主力省区。

2月17日 自治区党委在北海召开涠洲岛旅游区保护开发建设工作推进会，强调全力加快涠洲岛旅游区保护开发建设步伐，确保打造“国内一流、国际知名的休闲度假海岛”目标如期实现。

2月23日 自治区人民政府印发《关于广泛动员社会力量参与扶贫开发工作方案的通知》，提出努力推动社会各界各行业参与扶贫开发活动，组织开展各种扶贫主题实践活动、“村企共建”活动、扶贫募捐活动、自治区内对口帮扶活动、行业扶贫活动，以及不断扩大扶贫开发的国际交流与合作，积极争取各类外资用于扶贫开发，努力扩大外资扶贫规模。同日，印发《关于加快发展贫困地区特色产业工作方案》，提出到“十二五”期末，自治区连片特困地区、3000个实施整村推进的贫困村形成一定规模的优势特色产业，所有就地开发的扶贫对象具有稳定的收入来源。

2月24日　自治区党委、政府印发《关于开展以环境倒逼机制推动产业转型升级攻坚战的决定》。2月27日，全自治区开展以环境倒逼机制推动产业转型升级攻坚战动员大会在南宁召开。5月21日，自治区人民政府召开食品药品安全工作专题座谈会，通报广西以环境倒逼机制推动食品药品安全工作的落实情况，要求深入推进食品安全十大专项整治。

2月25日　自治区人民政府印发《加快推进微型企业发展工程实施方案》。9月24日，印发《关于支持小型微型企业发展若干金融财税政策》。

2月29日　自治区人民政府批准实施《农村残疾人扶贫开发工作方案》。2015年8月27日，自治区人民政府印发《关于加快推进残疾人小康进程的实施意见》；12月4日，自治区人民政府批准实施《困难残疾人生活补贴和重度残疾人护理补贴实施办法的通知》印发实施。

2月　自治区党委、政府印发《关于实施我区新一轮扶贫开发攻坚战的决定》，明确新一轮扶贫开发攻坚战的重大意义、总体要求、主要目标、分阶段任务、新的扶贫标准和扶贫对象，提出新一轮扶贫开发攻坚战的主要任务。

3月20日　自治区召开选派机关干部担任贫困村党组织第一书记暨新一轮新农村建设指导员工作动员电视会议，标志着全自治区“万名干部入乡住村”活动全面启动。4月26日，新华社报道，广西

1000名机关干部到县乡挂职锻炼、3000名机关干部担任贫困村党组织第一书记、3万名新农村建设指导员驻村工作。2014年3月22日，自治区党委、政府决定从当年开始，将新农村建设指导员、贫困村党组织第一书记等4支力量，整合为“美丽广西”乡村建设（扶贫）工作队。

3月23日 以“知恩感恩报恩，爱党爱国爱民”为主题的全自治区深入开展“感恩教育”主题活动启动仪式在南宁举行。

3月26日 国务院正式批准设立中国—马来西亚钦州产业园区，这是中马两国政府合作的第一个园区，4月1日举行开园仪式。2013年2月5日，马中关丹产业园启动，开创中国“两国双园”国际合作先例。2014年8月12日，自治区人民政府印发《中国—马来西亚钦州产业园建设自治区改革创新先行园区总体方案》。2015年2月8日，中国钦州—马来西亚关丹集装箱国际班轮航线开航。2017年10月1日，《中国—马来西亚钦州产业园区条例》施行。

3月28日 广西桂中治旱工程一期——乐滩库区引水灌区工程与桂中土地整治工程贯通，从红水河引入的河水通过渠道流入桂中旱区整改后的农地里，旱地变良田，120多万群众的生活用水也逐步得到保障。

4月10日 自治区人民政府批准实施《广西2012—2015年农村公路通畅工程工作方案》，提出计划到“十二五”期末全自治区建制村通沥青（水泥）路率达100%，基本解决建制村公路不通畅问题。

4月18日—19日 全国第一个“临时用地”试点——平果铝土矿采矿用地方式改革试点通过国土资源部验收。

4月29日 自治区党委、政府印发《关于继续深入开展建设平安广西活动的意见》。

同日 自治区党委、政府及广西军区联合印发《关于贯彻〈中共中央、国务院、中央军委关于加强新形势下边海防工作的意见〉的实施意见》。

4月30日 国内最大的利用非木材原料（甘蔗渣）高级文化用纸生产项目——广西农垦糖业集团华垦纸业公司年产20万吨高级文化用纸项目首台3600毫米长网多缸文化纸机投产。

5月5日 《人民日报》报道，广西首个区域性、综合性投资基金——广西北部湾产业投资基金（300亿元）获得国家发展改革委批复。

5月10日 自治区人民政府召开"十二五"能源发展专题工作会议，审议通过《广西能源发展"十二五"规划》《广西"十二五"保障电力供应行动计划方案》《广西"十二五"控能耗调结构转方式保增长工作方案》等。

5月22日 自治区体育大会在南宁召开，强调要全面贯彻自治区党委、政府《关于重振广西体育雄风 建设西部体育强区的决定》和《广西壮族自治区体育事业发展"十二五"规划》，扎实做好各项工作，推动广西体育事业科学发展、和谐发展、跨越发展，再谱广西体育事业发展新篇章，加快实现富民强桂新跨越。

5月24日 经国务院同意，国家发展改革委正式核准批复防城港钢铁基地项目；5月28日，项目全面开工。2014年9月18日，20万吨级铁矿石专用码头和5万吨级废钢进口泊位建成并投入试运营。2016年3月15日，武钢防城港钢铁基地冷轧生产线正式转入生产模式。

5月25日 南宁市获得住房和城乡建设部、民政部、中国残联、全国老龄办联合授予的"'十一五'全国无障碍建设先进城市"的荣誉牌匾。

5月26日 《人民日报》报道，广西1126个乡镇的广播电视网络已经完成整合，广西数字电视用户达300多万户，成为首个“全国有线数字电视示范省区”。

5月29日 广东省扶贫协作代表团深入对口帮扶的河池市和百色市，总结“十一五”时期两广扶贫协作成就和经验，共商“十二五”扶贫协作大计。

6月16日 自治区人民政府印发《关于坚持科学发展安全发展促进安全生产形势持续稳定好转的实施意见》。

6月21日 自治区党委十届二次全会审议通过《关于贯彻党的十七届六中全会精神 深化文化体制改革 推动文化大发展大繁荣 建设民族文化强区的若干意见》，强调全自治区各级党组织要认真学习贯彻党的十七届六中全会和自治区第十次党代会精神，进一步增强文化自觉和文化自信，改革创新，锐意进取，团结带领广西各族人民奋力开创文化改革发展新局面，为把广西建设成为民族文化强区、实现富民强桂新跨越目标而努力奋斗。

7月1日 在首届中国乡村（旅游）发展论坛上，广西资源县获“中国十佳最美乡村”称号。

7月3日 首届广西十大创意颁奖典礼在南宁举行。《印象·刘三姐》实景演出、中国—东盟博览会开幕式、搜房网、黑芝麻糊广告片（叫卖篇）、电影《黄土地》、南宁国际民歌艺术节、金嗓子喉宝之金顶计划、桂林愚自乐园艺术创意、“获诺贝尔文学奖作家丛书”、南国弈园项目计划等10项创意获奖。

7月9日 国务院批准《广西东兴重点开发开放试验区建设实施方案》。8月17日，试验区建设全面启动。2014年3月，国家发展改革委批复《广西东兴重点开发开放试验区建设总体规划》。

同日 六寨（黔桂界）至河池、宜州至河池高速公路建成通车，至此，广西14个设区市全部贯通高速公路。桂林至三江高速公路动工兴建，主线长135公里，总投资约151亿元，计划2016年建成通车，成为大西南地区通过广西连通粤港澳的便捷通道。

7月17日 南宁南车铝材精密加工项目开工暨广西南南铝加工有限公司年产20万吨大规格高性能铝合金板带型材项目挤压制造中心投产仪式在南宁举行，标志着南宁市延伸铝加工产业链、构筑产业集群、打造国内重要的铝加工基地取得重大突破。

8月1日 在首届中国乡村（旅游）发展论坛上，广西资源县获“中国十佳最美乡村”称号。

8月6日 自治区人民政府印发《关于促进小额贷款公司发展的若干意见》。

8月10日 自治区人民政府批准实施《广西综合交通运输体系发展“十二五”规划》，提出“十二五”期间，广西将投资6500亿元，建设265个综合交通基础设施重大项目（新开工168个、续建97个），打造全方位综合交通运输网络。

同日 自治区人民政府印发《广西壮族自治区本级土地储备管理办法》，要求自治区本级土地储备应与土地利用总体规划和城乡总体规划相衔接，实行统一规划、统一储备、统一开发、统一供应。

8月22日 中国南宁至越南河内国际道路运输线路开通，南宁至河内直达快班当日首发。

9月1日 自治区人民政府批准实施《中国—东盟南宁空港经济区发展规划（2011—2020年）》。

同日 中国企业联合会、中国企业家协会向社会发布2012年中国企业500强名单，广西有5家企业上榜。

同日 《广西壮族自治区专利条例》施行。

9月3日 自治区党委、政府印发《关于促进广西经济平稳较快发展的若干意见》。

9月21日—25日 第九届中国—东盟博览会和中国—东盟商务与投资峰会在南宁举行，主题为“科技合作”。时任中共中央政治局常委、中共中央书记处书记、国家副主席习近平出席开幕式并发表主旨演讲，指出中国—东盟博览会和中国—东盟商务与投资峰会不但是中国和东盟十国共同搭建的经贸等多领域有效合作的大平台，也是中国—东盟自贸区建设的助推器，给双方企业和人民带来了实惠，在中国和东盟合作中发挥着越来越重要的作用。

9月25日 国务院扶贫开发领导小组办公室与广西壮族自治区人民政府在南宁签订《关于加快广西2012—2020年扶贫攻坚进程合作协议》。

9月29日 自治区党委、政府在南宁召开自治区科技创新大会，强调全面深化科技体制改革，加快广西创新体系建设，举全自治区之力建设创新型广西，把提高自主创新能力贯穿于经济社会发展的全过程和各方面，激发全社会全方位创新，使创新成为驱动经济社会发展的主导力量，为实现富民强桂新跨越提供强有力的科技支撑。

10月1日《广西壮族自治区企业民主管理条例》施行。

10月5日 灌阳县黄关镇超级稻超高产攻关技术试验田经现场测产验收，单造最高亩产达900.65公斤，实现广西杂交水稻生产的历史性飞跃。2017年11月4日，农业部测产验收专家组对灌阳县水稻超高产攻关示范基地进行再生稻测产，“超级稻 + 再生稻”平均亩产首次突破1500公斤。

10月16日 国投钦州电厂二期2×100万千瓦机组工程启动暨国投钦州港煤炭码头工程开工仪式在钦州举行。钦州燃煤电厂二期工程计划总投资63.7亿元，采用国际先进的2×100万千瓦超临界燃煤发电机组，建成后可有效解决广西水电丰枯水季节的调节问题，有效改善广西电源布局。

10月25日 自治区人民政府批准实施《南宁—新加坡经济走廊、南宁—崇左经济带发展规划》。

10月29日 自治区质量兴桂工作暨首届主席质量奖表彰会议在南宁召开，对获得首届自治区主席质量奖和2011年"广西名牌产品""广西优质农产品"的产品及企业进行表彰。

10月31日 自治区人民政府印发《桂西资源富集区发展规划》，提出经过10年左右的努力，把桂西地区建设成为特色鲜明、产业发达、生态环保、富裕和谐的绿色经济地区，与全自治区同步实现全面建设小康社会的奋斗目标。

11月1日 国家正式批复《桂林国际旅游胜地建设发展规划纲要》，提出到2020年，将桂林打造成为世界级旅游城市和国际旅游胜地，全面提升城市功能，提高人民生活水平。

同日 2012年南北农业合作对接大会在南宁召开。自2009年举办首届南北农业合作对接大会以来，借助这一平台，广西共引进1000多个农业合作项目，引进合作资金580多亿元。

11月2日 国内最大再生铜冶炼项目——广西有色再生金属有限公司年产30万吨再生铜冶炼项目竣工投产。

11月6日 国务院批复《广西海洋功能区划（2011—2020年）》。

同日 自治区少数民族村寨防火改造工程总结暨农村危房改造工作推进会召开。2008年以来，广西累计投入9.56亿元，实施少数民族村寨防火改造工程，让90多万群众告别"火烧连营"的历史。

11月17日 左江花山岩画文化景观、灵渠、侗族村寨、海上丝绸之路4个申遗项目全部进入中国世界文化遗产预备名单。2016年7月15日，左江花山岩画文化景观成功列入《世界遗产名录》，成为中国首个岩画类世界文化遗产。

11月18日 上汽通用五菱合资10周年庆典暨宝骏基地竣工投

产仪式在广西柳州汽车城举行。上汽通用五菱宝骏基地位于广西柳州汽车城内，占地3100亩，一期总投资约80亿元，主要生产宝骏品牌系列轿车、变型车及配套的发动机产品。工厂拥有国际领先的装配工艺和设备，成为符合通用全球最高生产标准的绿色生产基地，项目建成后每年可生产宝骏品牌汽车40万辆。

11月20日　自治区党委印发《关于学习宣传贯彻党的十八大精神的通知》。12月7日，自治区党委十届三次全会通过《关于学习贯彻党的十八大精神的决定》。

11月26日　自治区人民政府批准实施《兴边富民行动大会战实施方案》。12月，自治区党委、政府进一步实施兴边富民行动大会战，明确2012—2015年，在边境地区重点实施基础设施提级、保障民生扩大工程及社会设施重点工程、基层卫生共享工程、边境开发开放突破工程、特色优势产业引导工程、边境安康和民族团结进步创建工程。

12月11日—12日　大湄公河次区域（GMS）经济合作第十八次部长级会议在中国南宁举行，这是中国广西加入大湄公河次区域经济合作以来首次承办部长级会议。

12月17日　昭平县被授予"中国最佳养生休闲旅游目的地""中国最佳生态宜居旅游目的地"称号。

12月19日　自治区人民政府印发《关于加快发展广西会展业的意见》，提出集中打造南宁会展经济（中国—东盟）区域性核心区，重点打造桂林、柳州、玉林会展经济中心区，努力打造会展经济特色区。

12月24日　广西"十二五"重大科技专项"非粮生物质能源产业关键技术攻关与产业化示范"在南宁启动实施。

12月27日　自治区人民政府印发《柳州、来宾、河池市区域一体化发展规划》，提出到2015年，三市基本形成一体化发展框架，2020年基本形成同城化发展格局，2030年基本形成融合发展格局。

12月30日 国家西气东输二线工程广州至南宁段建成通气。2013年5月28日，南宁接驳西气东输二线粤桂支线的南线枢纽工程竣工；12月29日，西气东输二线苍梧至贺州支线工程竣工。

12月31日 广西沿海铁路扩能改造南宁至钦州北、钦州北至防城港段开行普速货车，进入动车调试阶段。钦州至崇左高速公路建成通车。

二〇一三年

1月6日　自治区党委印发《贯彻落实中央关于改进工作作风、密切联系群众有关规定的实施意见》；1月7日，自治区人民政府印发《贯彻落实〈十八届中央政治局关于改进工作作风、密切联系群众的八项规定〉及〈实施细则〉的办法》。

1月7日　国家海洋局批复同意建立广西涠洲岛珊瑚礁国家级海洋公园，该海洋公园成为全国10个获批建设的国家级海洋公园之一。

1月18日　自治区扶贫开发工作电视电话会议在南宁召开，强调继续把扶贫开发作为头号民生工程。同日，自治区扶贫开发领导小组成员会议在南宁召开，就贯彻落实习近平总书记在河北考察扶贫开发工作时的重要讲话精神进行工作部署。

1月30日　自治区党委、政府印发《关于全面提高教育质量振兴广西高等教育的若干意见》，强调发展高等教育事关全自治区实现富民强桂新跨越和全面建成小康社会的大局，必须紧紧抓住当前高等教育改革发展的重要战略机遇期，全面提高教育质量，振兴广西高等教育。

2月4日　自治区人民政府印发《广西农民人均纯收入倍增计划》。

2月5日　自治区人民政府印发《广西城镇居民人均可支配收入倍增计划》。

2月22日　广西壮族自治区人民政府与中国农业银行城镇化建

设与金融服务全面合作备忘录签约仪式在南宁举行。

3月12日 经国务院批准，广西—东盟经济开发区升格为国家经济技术开发区，更名为广西—东盟经济技术开发区。

3月26日 国家发展改革委核准广西首个热电联产项目——鹿寨热电联产工程，项目预计投资32.72亿元。

4月1日 《广西壮族自治区人民防空工程建设与维护管理办法》《广西壮族自治区实施〈危险化学品安全管理条例〉办法》施行。

4月4日 《广西壮族自治区新型农村合作医疗基金补偿技术方案（2013年修订）》实施。该方案将乡级住院补偿标准提高至90%、住院补偿最高封顶从8万元提高到10万元。

4月8日 南宁、北海、钦州、防城港、玉林、崇左、百色七市推进区域经济一体化工作领导小组签订七市旅游合作框架协议。7月23日，签订七市物流合作框架协议。

4月10日 中央、国家机关和有关单位定点帮扶广西国家扶贫开发工作重点县对接会在南宁召开。

4月20日 广西首条对台两岸直航集装箱班轮航线——钦州港至台湾高雄港航线正式开通，钦州到台湾的海运时间由7天缩短为3.5天。

4月22日 自治区人民政府在南宁召开自治区铁路建设工作专题会议，研究解决当前铁路建设的有关问题，部署加快推进铁路建设工作。

4月26日 两岸产业高峰会议——2013年桂台经贸文化合作论坛在台湾省高雄市举行。这是桂台经贸合作论坛举办地继台北、花莲之后，首次移步台湾南部，对深化推动两岸交流合作具有重要意义。

4月27日 自治区人民政府印发《广西北部湾经济区同城化发展推进方案》，提出至2015年，北部湾经济区内将优先实现通信、交通、产业、城镇体系、旅游服务、金融服务、教育资源、人力资源社会保障、口岸通关一体化九大领域的同城化建设。

5月2日 自治区党委、政府召开电视电话会议，决定在广西广泛开展“美丽广西·清洁乡村”活动，通过2年的集中整治，使农村环境卫生面貌有明显改变，通过5年的不懈努力，使全自治区在实现全面建成小康社会奋斗目标的同时，乡村环境面貌有根本改变。

5月14日 自治区人民政府召开研究加快铝工业结构调整工作会议，强调要以改革创新精神，面向市场，发挥优势，加快推进铝工业结构调整，大力发展铝材精深加工和附加值高的高端铝产品，促进广西铝工业做强做优。

5月15日 全国绿化模范单位名单揭晓，三江侗族自治县名列“全国绿化模范县”榜单。

5月20日 经农业部、财政部认定，田东县成为广西唯一入选国家农业改革与建设试点示范区的县（市、区）。

5月21日 滇桂黔石漠化片区省际联席会议第一次会议在南宁召开，启动跨省协调机制。会上，广西、云南、贵州三省（自治区）有关负责人交流片区区域发展与扶贫攻坚工作经验。

6月3日 广西开始实施“农村小学全科教师定向培养计划”，计划用5年时间，培养5000名左右“下得去、留得住、教得好”、能胜任小学各门课程教学任务的农村小学教师。2013年，全自治区将启动高中起点的两年制农村小学全科教师定向培养，从高中毕业生中定向招收培养500名两年制农村小学全科师范生。

6月9日 中国—越南友谊关·友谊口岸中越公务车辆及货运直达车辆开通仪式在凭祥市友谊关口岸零公里处举行。

6月11日 中国广西与越南胡志明市签署备忘录，正式建立两区市友好合作关系。当日，2013年中国广西（越南）商品博览会在越南首都河内开幕，来自广西的110多家企业踊跃参展，带来了机械汽车、电子产品、五矿化工、医药保健、软件及服务外包等八大类上千种广西特色产品和服务项目。

6月12日 科技部同意由广西牵头建设中国—东盟技术转移中心，这是中国目前唯一一家国家级的面向东盟的技术转移中心。

6月13日 中国广西向柬埔寨赠送农机仪式在柬埔寨首都金边举行。为感谢柬埔寨政府和人民积极加强与广西的友好交流合作以及对广西承办中国—东盟博览会的大力支持，广西特向柬埔寨赠送100台农用手扶拖拉机。

6月14日 中国广西与柬埔寨暹粒省签署友好合作关系备忘录，重点在旅游业、农业、文化等方面加强合作。

6月17日 自治区在宜州市（今河池市宜州区）德胜镇启动"我的中国梦"——广西形势政策宣传进乡村活动。活动通过报告会、科技讲座、文艺演出等形式，宣传中国特色社会主义、中国梦以及"美丽广西·清洁乡村"活动。

6月21日 中越两国发表《中越联合声明》，双方同意进一步加强两国边境省区的合作，继续推进中越能源、工业园区、陆地互联互通等重大经贸合作项目建设，重点推动建设中国凭祥—越南河内高速公路等连接两国陆地边境地区的公路和铁路项目，加强双边金融合作，积极创造条件并鼓励双方金融机构向双边合作项目提供金融服务支持。

同日 自治区人民政府印发《广西壮族自治区节能减排工作行政过错问责暂行办法》，提出对未完成本地区节能减排5年计划终期目标任务和年度目标任务的设区市政府，以及对不履行或不正确履行节能减排工作职责的自治区节能减排工作领导小组成员单位实施问责。

6月25日 香港工商界投资广西介绍会暨桂港经贸合作项目签约仪式在香港举行。广西推介投资合作项目123个，总投资近6500亿元人民币；桂港双方共签订经贸合作项目24个，总投资162.95亿美元，港方投资145.55亿美元。

6月27日 自治区党委、政府印发《关于加快旅游业跨越发展的决定》，提出优化配置旅游资源，夯实旅游产业发展基础，充分发挥龙头带动作用，实施重点旅游项目带动战略，推进旅游强区建设，从而全面增强旅游产业核心竞争力，加快旅游业跨越发展，实现富民强桂新跨越。6月29日，自治区人民政府印发《关于加快旅游业跨越发展若干政策》，明确财税、投融资、土地、产业融合、旅游富民以及相关配套扶持政策6个方面39条支持政策。

6月28日 广西北部湾经济区通信同城化措施开始施行，南宁、北海、钦州、防城港四市通信服务、通信资费实现同城化。

7月1日 自治区党委召开自治区党的群众路线教育实践活动工作会议，对广西深入开展教育实践活动进行动员部署，提出了明确要求：坚持把活动的主要任务聚焦到作风建设上，突出整治形式主义、官僚主义、享乐主义和奢靡之风；坚持把“照镜子、正衣冠、洗洗澡、治治病”总要求贯穿始终，以整风精神搞好教育实践活动；“坚持开门搞活动”，广泛深入听取干部群众的意见；坚持解决实际问题，确保教育实践活动取得让群众满意的效果；坚持领导带头，推动教育实践活动深入开展。

同日 《广西壮族自治区艾滋病防治条例》施行。

7月3日—4日 自治区党委、政府在桂林召开自治区旅游发展大会，强调要深入学习贯彻党的十八大和习近平总书记关于发展旅游业的重要讲话精神，紧紧抓住建设桂林国际旅游胜地的新机遇，加快全自治区旅游业跨越发展，努力实现从旅游资源大区向旅游强区的历史跨越。会前，自治区党委、政府印发《关于加快旅游业跨越发展的决定》，力争到2015年，全自治区旅游业总收入实现3000亿元，接待游客总人数突破3亿人次；到2020年，基本建成桂林国际旅游胜地、北部湾国际旅游度假区、巴马长寿养生国际旅游区，广西成为全国一流、世界知名的区域性国际旅游目的地和集散地。

7月5日 北海直通台湾地区首条海运商贸航线正式开通。

7月10日 根据国家口岸管理办公室关于2013年度口岸开放审理计划文件精神，广西共有6个口岸被列入新开放或扩大开放计划：硕龙、峒中等公路口岸被列入新开放计划，防城港（企沙工业港区）、梧州港（赤水作业区）、水口、东兴等口岸被列入扩大开放计划。

同日 个人跨境贸易人民币结算业务在东兴试验区率先实施，该地区成为继浙江义乌之后，全国第二个试点个人跨境贸易人民币结算业务的地区。

7月18日 中国百色至越南高平国际客货运输线路暨中国百色靖西至越南高平边境旅游线路开通仪式在龙邦口岸举行。

7月28日 自治区人民政府在南宁召开把广西建设成为我国西南中南地区开放发展新的战略支点研究工作部署会，正式启动新的战略支点研究工作。

7月30日 国家重点工程——广西液化天然气（LNG）项目、广西北海林纸一体化项目在铁山港工业区开工。广西液化天然气项目是中国石化和广西投资集团、北部湾国际港务集团合资兴建的国家重点工程，6月24日获得国家发展改革委的正式批复，一期工程总投资177.8亿元。

7月31日 广西农村水电增效扩容改造工作会议在南宁召开，标志着广西农村水电增效扩容改造全面启动。

同日 广西首批特色旅游名县建设推进暨自治区旅游投融资工作座谈会公布，2013年自治区有重大旅游项目100项，总投资3559.89亿元。

8月1日 广西实施营业税改征增值税试点，交通运输业和7个现代服务行业首批试点营业税改征增值税。

8月4日 广西实现法律援助工作自治区、市、县三级全面覆盖。

8月5日 崇左国际客运中心正式运营并首开中国崇左至越南下龙湾班线。9月29日，中国防城港至越南下龙湾的跨国海上航线正式通航运营。

同日 全自治区14个设区市全部启动数字城市地理空间框架建设工作。

8月9日 广西金保工程"五险合一"数据大集中信息系统正式上线，广西北部湾经济区（南宁、北海、钦州、防城港）人力资源社会保障同城化金融社会保障卡"一卡通"启动。

8月15日 自治区环保厅和自治区质量监督局联合发布广西首部环保地方标准——《甘蔗制糖工业水污染物排放标准》。

同日 自治区科技厅在南宁为广西柳工机械股份有限公司等60家自治区院士工作站授牌，正式启动自治区院士工作站建设工作。

8月21日 自治区人民政府常务会议审议通过《关于贯彻落实金融支持经济结构调整和转型升级政策措施的实施意见》。

8月22日 自治区党委、政府在柳州召开自治区工业发展大会，要求全面推进"1131工程""十大行动计划"，力争工业总产值实现"3年突破3万亿元、5年跨越5万亿元、8年超过10万亿元"的总体目标。会前，自治区党委、政府印发《关于加快新型工业化实现跨越发展的决定》。

8月23日 以"美丽中国·美丽湾"为主题的国内第一家专业

的东盟电子商务平台“美丽湾”（www.meiliwan.com）在南宁启动。

8月27日 广西规模最大的煤炭深加工环保项目——罗城仫佬族自治县年产100万吨水煤浆及配套洗选煤项目开工建设。

同日 广西新增田东等23个县为第五批中央财政小型农田水利重点县。至此，全自治区“小农水”重点县达76个。

8月31日 首届中国沿边地区发展高层论坛在南宁举行。

9月1日 《广西壮族自治区实施〈中华人民共和国节约能源法〉办法》《广西壮族自治区科学技术进步条例》《南宁市历史街区保护管理条例》施行。

9月3日 由世界500强企业IBM公司参与建设的“东盟国际智慧园”项目正式签约落户南宁。2014年9月，项目一期主体工程开工建设。

9月5日—8日 第十届中国（玉林）中小企业商机博览会在玉林举行。

9月12日 自治区党委印发《关于深入学习党的十八大以来习近平总书记系列重要讲话的通知》。

9月17日 广西正式启动美丽乡村建设试点工作。

9月22日 自治区人民政府常务会议审议通过《广西县县通天然气工程总体实施方案》。

9月24日 广西部署全面推进农村幸福院建设工作，计划2013年全广西实施1293个农村幸福院项目。

9月24日—26日 自治区十二届人大常委会第六次会议表决通过《广西壮族自治区土地山林水利权属纠纷调解处理条例》《广西壮族自治区实施村民委员会组织法办法》《广西壮族自治区村民委员会选举办法》，批准实施《南宁市燃气管理条例》《环江毛南族自治县自治条例》《富川瑶族自治县自治条例》等。

9月29日 广西首个通用航空机场——兴安通用机场项目启动。

10月1日《关于外来务工人员随迁子女和外省户籍学籍迁入人员在广西参加普通高考的实施细则》施行。

同日 《广西壮族自治区水能资源开发利用管理条例》《广西壮族自治区北海银滩保护条例》施行。

10月11日 防城港市东兴口岸开始办理外国人口岸签证业务，成为广西第一个陆路口岸签证处。

10月11日—12日 柳州、南宁异地就医结算平台成功对接，联网的试点医院实现住院医疗费用直接结算。

10月17日 自治区人民政府印发《关于改革完善全区食品药品监督管理体制的实施意见》，提出通过改革着力解决食品监管职责交叉和监管空白等问题，充实和加强基层监管力量，实现食品药品全程无缝监管，逐步形成一体化、广覆盖、专业化、高效率的食品药品监管体系，构筑食品药品安全社会共治格局，提高人民群众食品药品安全保障水平。

10月19日 科技部批准建设广西桂林国家农业科技园区，建设期为3年。

10月22日 自治区党委在自治区扶贫办召开座谈会，要求各级党委、政府把扶贫工作摆在更突出更重要的位置，坚决打好新一轮扶贫开发攻坚战。

10月31日 《广西日报》报道，2013年，全自治区参加新农合人数首次突破4000万人大关，达到4078.84万人，参合率达98.9%，参合人数和参合率均创历史新高。

11月2日 广西蚕丝及其制品、六堡茶及其制品、紫甘薯色素、红萝卜色素等4个产品获国家生态原产地产品认证，广西成为国内生态原产地产品最多的省（自治区）。

同日 广西建立环境安全部门联席会议制度。

11月6日 中宣部、文化部、国家新闻出版广电总局作出表彰第五届全国服务农民、服务基层文化建设先进集体的决定，广西北流市文化馆等8家基层单位荣获“先进集体”称号。

11月7日 自治区党委印发《关于加强和改进广西意识形态和宣传思想工作的若干意见》。

11月12日 国务院印发《全国资源型城市可持续发展规划（2013—2020年）》，贺州市入选成长型城市，百色市和河池市入选成熟型城市。

11月20日 经国务院同意，中国人民银行等11个部委办联合印发《云南广西建设沿边金融综合改革试验区总体方案》，以增强人民币在东盟和南亚国家的竞争力、影响力和辐射力。2014年1月8日，自治区人民政府印发《关于建设沿边金融综合改革试验区的实施意见》；4月26日，中国农业银行中国（东兴试验区）东盟货币业务中心在东兴揭牌成立，并首次实现人民币对越南盾的直接报价。

同日 在国家发展改革委等多个部门联合印发的《全国物流园区发展规划》中，南宁市被列为全国一级物流园区布局城市，柳州、钦州、玉林、贵港被列为全国二级物流园区布局城市。

11月26日 自治区人民政府印发《关于加强和改进城乡居民最低生活保障工作的实施意见》，提出以2013年最低生活保障标准为基准，每3年调整1次城乡最低生活保障标准。

11月28日 自治区党委、政府召开南宁五象新区推进会，强调要全力推动五象新区开发建设，力争再造一个“新南宁”。

同日 自治区人民政府召开林业工作座谈会，提出今后一段时期全自治区林业发展“23452”工作思路，即“两个升级版”“三大意识”“四项任务”“五个提高”“两大基地”。

12月1日 自治区党委十届四次全会提出到2020年实现“两个建成”（与全国同步全面建成小康社会，基本建成西南中南地区开放发展新的战略支点）目标。会议审议通过《关于贯彻落实〈中共中央关于全面深化改革若干重大问题的决定〉的意见》。

12月5日 自治区人民政府常务会议审议通过《新型城镇化发展规划思路》《税收保障办法（草案)》。

12月6日 自治区党委、政府印发《关于进一步优化环境促进非公有制经济跨越发展的若干意见》，提出要清除市场准入障碍，疏通拓宽投融资渠道、鼓励自主创新、健全财政税收土地政策体系、优化发展软环境，进一步促进广西非公有制经济跨越发展。

同日 广西经济社会发展暨重点项目情况介绍会在南宁举行，广西方面向来访的澳门工商界代表团介绍了广西经济社会、北部湾经济区、广西旅游业等发展情况和南宁市重点投资领域情况。

12月9日 国家林业局与广西壮族自治区人民政府在北京签订《关于合作打造绿色生态安全体系和现代林业示范区备忘录》。

12月10日—11日 中国南方航空公司分别开通中国桂林—中国南宁—泰国曼谷、中国桂林—中国南宁—新加坡定期航班。

12月19日 广西壮族自治区人民政府与全国工商联在南宁召开共建战略支点“民企入桂”合作发展大会。在“民企入桂”合作项目签约仪式上，广西相关方面与全国工商联部分执委企业，以及来自广东、北京、上海、天津、浙江、江苏、四川、福建等地的民营企业签订84个合作项目。

12月25日 自治区人民政府常务会议审议通过《广西生物多样性保护战略与行动计划（2013—2030年)》《广西壮族自治区爱国卫生管理办法》《广西壮族自治区传统工艺美术保护办法》《广西壮族自治区灵渠保护办法》《广西壮族自治区高速公路管理办法》《广西壮族

自治区人工影响天气管理办法》等草案。

12 月 26 日—27 日 自治区党委、政府在南宁召开自治区经济暨城镇化工作会议，强调要进一步激发城镇化这个最大的内需潜力，强化创新驱动这个最大的引擎，为实现“两个建成”目标奠定坚实基础。

12 月 28 日 桂林至北京首趟高铁列车开行。

12 月 28 日—30 日 衡柳、柳南、南钦、钦防、钦北 5 条高速铁路和玉铁、黎钦两条普速铁路相继开通运营，南广铁路黎梧段建成并开行普速货物列车。至此，广西开通 200 公里及以上高等级线路 1137 公里，占全国高铁总里程的 10% 左右，跃居全国前列，结束了没有高铁的历史，成为全国首个开通高铁、开行动车的少数民族自治区。

12 月 30 日 自治区党委、政府在南宁召开自治区第七次民族团结进步表彰大会，表彰 200 个模范集体和 300 名模范个人。

本年 全自治区工业总产值首次超过 2 万亿元，3 年时间内翻一番。

二〇一四年

1 月 10 日 自治区党委、政府在南宁召开自治区农村工作会议，强调采取非常举措，举全自治区之力打好新一轮扶贫攻坚战，使贫困人口实现“两不愁三保障”。

1 月 14 日 自治区人民政府召开新闻发布会，宣布新修订的《关于促进广西北部湾经济区开放开发的若干政策规定》从 2014 年 1 月 1 日起至 2020 年 12 月 31 日实施。

1 月 17 日 中国—东盟泛北部湾经济合作高官会在南宁召开，讨论通过《中国—东盟泛北部湾经济合作路线图（战略框架）》。

1 月 18 日 自治区党委、政府印发《关于加快改革创新全面振兴教育的决定》，提出着力推进八大重点工程，到 2017 年，教育重点领域和关键环节的改革取得突破性进展，初步建成科学的教育资源配置机制、管理运行机制和质量保障机制，实现“三基本两提升一率先六达到”的目标。到 2020 年，与全国同步基本实现教育现代化，基本形成学习型社会，进入西部人力资源强省（区）行列，建成国家民族教育示范区和面向东盟的教育国际交流与合作高地；实现全面建成小康社会的教育目标。

1 月 21 日 自治区党委、政府在南宁召开自治区教育发展大会，部署实施“双千”计划，筹措 1000 亿元以上资金，新建扩建 1000 所以上学校，从根本上解决自治区教育总量不足的问题。

1 月 22 日 自治区人民政府在钦州召开北部湾近岸海域环境保

护工作现场会议，全面部署今后一个时期北部湾近岸海域污染治理、生态保护等各项工作。

2月1日 《广西壮族自治区电网建设促进办法》《广西壮族自治区海洋环境保护条例》施行。

2月10日 第四十五届世界体操锦标赛自治区领导小组召开第一次会议，强调要认真贯彻落实自治区党委常委会关于“举全自治区之力办好第四十五届世界体操锦标赛”的精神，明确目标任务，落实责任分工，紧张有序做好赛事筹备工作，要以承办此次赛事为契机，推进广西的建设、开放和发展，提升南宁市城市建设和管理水平，提升广西、南宁的知名度和对外开放新形象。

2月14日 自治区党委全面深化改革领导小组第一次全体会议审议通过《广西工商登记制度改革工作方案》。2月25日，自治区人民政府印发《广西注册资本登记制度改革工作方案》，提出通过改革，激发各类市场主体创造活力，增强经济发展内生动力。3月1日，广西与全国同步启动工商登记制度改革。

2月26日 自治区信访维稳工作专题会议指出，各级党委、政府和各部门要认真贯彻落实党中央《关于创新群众工作方法，解决信访突出问题的意见》精神，认真对待和深入分析人民群众的利益诉求，解决好人民群众最关心最直接最现实的利益问题。

3月4日 自治区党委、政府印发《贯彻〈中共中央、国务院关于全面深化农村改革加快推进农业现代化的若干意见〉的意见》。要求进一步解放思想，发展农村生产力，增强农村发展活力，以改革促发展，靠改革增活力，为推动广西农业农村经济发展，实现与全国同步全面建成小康社会和加快建成西南中南地区开放发展新的战略支点目标夯实基础。

3月17日 自治区人民政府印发《关于支持港澳投资企业在桂

发展的若干政策》。

3月22日 自治区党委、政府印发《贯彻执行〈党政机关厉行节约反对浪费条例〉实施细则》等3项制度的通知。

3月26日 自治区人民政府常务会议审议通过《广西棚户区（危旧房）改造规划（2013—2017年）》。

3月28日 民航广西监管局向广西广联通用航空有限公司颁发“CCAR-91部商业非运输航空运营人运行合格证”以及《运行规范》，标志着广西首家民营通用航空企业开始运营。

4月1日 中越北仑河公路二桥工程开工仪式在东兴举行。2019年3月19日，中越北仑河公路二桥通车，中国东兴—越南芒街口岸北仑河二桥正式启用。

4月5日 自治区党委、政府印发《关于创新和加强扶贫开发工作的若干意见》《关于创新和加强农民工工作的若干意见》《关于开展教育精准扶贫扶持贫困家庭子女上学就业的实施意见》等。

4月11日 广西法院阳光司法网启用。至此，广西法院审判流程、裁判文书、执行信息三大公开平台全面建成。

4月17日 中国农业发展银行跨境人民币（南宁）清算平台上线运行。

4月18日 南广高铁南宁至梧州动车首发仪式在南宁火车站举行。

5月4日 中国建设银行中国—东盟跨境人民币业务中心在南宁挂牌成立。

5月7日 自治区人民政府召开自治区县县通高速公路建设工作推进会，进一步明确工作时间表，动员部署县县通高速公路建设工作，确保到2015年全自治区高速公路里程突破4900公里，实现93个县（区）通高速公路，县（区）通高速率达到85%；到2017年，全自治区高速公路里程达到5800公里，实现100个县（区）通高速公路，县（区）通高速率达到92%；到2020年，全自治区高速公路里程突破8000公里，基本实现全自治区所有县（区）通高速公路。

5月19日 自治区人民政府在南宁召开自治区重大项目前期工作推进会，总结“十二五”以来推进重大项目前期工作成效，部署2014—2016年拟开工的重大项目推进工作。

6月5日 自治区党委、政府印发《关于创新和加强扶贫开发工作的若干意见》《关于创新和加强农民工工作的若干意见》《关于开展教育精准扶贫扶持贫困家庭子女上学就业的实施意见》等。

6月6日 自治区党委、政府在南宁召开自治区扶贫开发暨农民工工作电视电话会议，动员全自治区上下把扶贫开发和农民工工作抓紧抓好、抓出实效。

6月9日 自治区党委全面深化改革领导小组第三次会议审议通过《自治区2014年重点改革任务督查方案》。

6月18日 自治区党委、政府批准实施《广西现代特色农业（核心）示范区创建方案》，提出按“市场主导、政府引导、多元投入、特色兴区”的原则，尽快提升广西农业产业化、市场化、国际化、现代化水平，夯实“美丽乡村”和社会主义新农村建设的产业基础。

6月20日 自治区党委批准实施《关于培育和践行社会主义核心价值观的实施意见》，提出积极培育和践行社会主义核心价值观，建设各族人民共有精神家园，巩固各族人民团结奋斗的共同思想基础，推动全社会形成奋发向上、崇德向善的良好风尚，凝聚起全面深化改革、全面建成小康社会和实现中华民族伟大复兴中国梦的强大力量。

6月26日 广西居民家庭经济状况核对信息平台在南宁建成并启用，这是国内首个投入使用的省级核对信息平台。

6月　玉林、崇左两市被纳入广西北部湾同城化范围。

7月2日　广西壮族自治区人民政府与国家开发银行签订《共同推进广西棚户区改造开发性金融合作备忘录》。

7月3日　西江经济带基础设施建设大会战在贵港举行启动大会。大会提出到2020年末，西江黄金水道港口货物年吞吐量达到1.7亿吨。

同日　自治区人民政府印发《关于贯彻〈国务院关于加快发展现代职业教育的决定〉的实施意见》，提出到2020年，建成适应发展需求、产教深度融合、中职高职衔接、职教普教沟通，与产业发展相匹配、与扶贫富民相适应、体现终身教育理念、具有民族特色的现代职业教育体系，实现“一达标、两优化、三提升”。

7月10日　自治区人民政府印发《宽带广西战略行动计划》。该计划提出分两步实现宽带广西发展目标：一是到2015年，与全国同步初步建成适应经济社会发展需要的下一代国家信息基础设施。二是到2020年，宽带网络基础设施发展水平基本达到全国平均水平，基本建成覆盖城乡、服务便捷、高速畅通、技术先进的宽带网络基础设施。

7月16日　国务院批准《珠江—西江经济带发展规划》。8月20日，自治区人民政府办公厅转发《国家发展改革委关于印发珠江—西江经济带发展规划的通知》。10月11日，广东广西推进《珠江—西江经济带发展规划》实施联席会议第一次会议在广州召开，会上，双方签订《广东广西推进珠江—西江经济带发展规划实施联席会议制度》《两广推进珠江—西江经济带发展规划实施共同行动计划》《粤桂合作特别试验区建设实施方案》。

7月18日　自治区人民政府在北海召开自治区加工贸易产业发展推进会，强调要全面实施“加工贸易倍增计划”，大力发展以高新技术为重点的加工贸易产业，为加快广西新型工业化进程、实现“两个建成”目标多作贡献。自治区决定从2014年起实施“加工贸易倍增计划”，争取用3年时间实现全自治区加工贸易额突破100亿美元、实现工业产值1000亿元；争取用5年时间实现全自治区加工贸易占外贸进出口比重达到30%。

7月22日　自治区党委、政府印发《广西壮族自治区新型城镇化规划（2014—2020年）》，明确广西城镇化的发展路径、主要目标和战略任务，统筹相关领域制度和政策创新，是指导广西城镇化健康发展的宏观性、战略性、基础性规划。

7月28日　自治区人民政府批准实施《城乡居民基本养老保险实施办法》。2015年11月3日，自治区人民政府印发《关于实行机关事业单位工作人员养老保险制度改革的实施意见》。2017年12月13日，自治区人民政府印发《广西企业职工基本养老保险自治区级统筹政府责任分担办法》。

7月31日　自治区人民政府印发《县县通高速公路建设工作方案》，提出2014年至2017年争取开工23个高速公路项目。

8月6日　广西壮族自治区人民政府和广东省人民政府在广州签订粤桂九洲江流域跨界水环境保护合作协议。

同日　自治区党委、政府批准实施《广西壮族自治区关于厉行节约反对食品浪费的实施意见》。

8月13日　自治区人民政府印发《关于贯彻实施〈社会救助暂行办法〉的意见》，提出加快构建《社会救助暂行办法》确立的社会救助制度体系，着力健全社会救助工作机制，并对广西贯彻实施《社会救助暂行办法》重点任务进行分工。

8月25日　百色—北京果蔬专列的重大配套项目——中国—东盟农产品交易中心暨百色一号冷链仓储中心在百色开工建设。

9月18日　由国家互联网信息办公室与广西壮族自治区人民政府共同举办的首届中国—东盟网络空间论坛在南宁开幕。当时广西拥有接近1800万网络用户，广西加快实施“宽带广西”战略行动计划，大力推动三网融合，加快建设中国—东盟信息交流中心和南宁、柳州、桂林3个国家级信息消费试点城市，推动网络和信息化产业跨越发展。

9月25日　面向东盟的门户枢纽机场——南宁吴圩国际机场新航站区投入运营。

同日　南宁至北京西、石家庄、武汉等跨省高速动车开行。

9月26日　广西壮族自治区人民政府与中国地震局签订共同加强防震减灾能力建设合作协议。

10月1日《广西壮族自治区实施〈中华人民共和国水土保持法〉办法》施行。

10月3日　第四十五届世界体操锦标赛在南宁举行。这是中国第二次承办体操世锦赛。中国队获得男子团体、女子高低杠和男子吊环金牌，以3金3银1铜的成绩位列奖牌榜第二位。

10月9日　上汽通用五菱宝骏二期项目投资协议在南宁签署，项目规划投资总额80亿元，将在广西柳州汽车城宝骏基地新建年产能40万辆的整车及发动机工厂，新建年产能20万辆的新能源车基地，建立整车仓储中心，并开展新能源车及海外市场的产品研发。

10月10日　广西壮族自治区人民政府与水利部召开大藤峡水利枢纽工程建设工作座谈会，研究部署各项开工准备工作。大藤峡水利枢纽工程动态总投资339亿元。该项目是以防洪、航运、发电、水资源配置为主，结合灌溉等综合利用功能的流域标志性工程。

10月14日　广东、广西两省（自治区）政府在广东省肇庆市封开县和广西壮族自治区梧州市万秀区交界处，举行粤桂合作特别试验区联合启动仪式。

10 月 17 日 全自治区启动“千家民营企业扶助千个贫困村”、“结对帮扶行动月”、邻里帮扶等活动。

10 月 24 日 自治区党委、政府印发《关于深化北部湾经济区改革若干问题的决定》。10 月 29 日，自治区人民政府批准实施《广西北部湾经济区发展规划（2014 年修订）》。

10 月 30 日 自治区党委、政府召开实施“双核驱动”战略工作会议，部署实施北部湾经济区、西江经济带“双核驱动”战略。至 2020 年末，广西北部湾经济区和西江经济带生产总值分别为 8066.73 亿元和 10877.92 亿元。

10 月 31 日 自治区党委、政府召开自治区民族工作会议，强调要深入学习贯彻中央民族工作会议精神，坚持中国特色解决民族问题的正确道路，奋力开创广西民族团结进步事业新局面。

同日 南宁海关、湛江海关、广西北部湾国际港务集团有限公司、湛江港（集团）股份有限公司在南宁签订深化合作备忘录，两地四方将共同加快推进广西、湛江两区域通关一体化改革合作，推进环北部湾港口群竞合发展，拉动中南、西南地区物流发展。

11 月 11 日 黔桂“四地”金融扶贫连片试验区创建工作推进会在南丹县召开。

同日 南宁海关、广西检验检疫局同时在防城港口岸和凭祥口岸启动关检合作“三个一”改革。12 月 18 日，广西关检合作“三个一”全覆盖模式正式启动，即日起在广西口岸通关现场进出口的所有依法需要报关报检的货物和物品，均能享受到海关和检验检疫部门“一次申报，一次查验，一次放行”的通关便利。

11 月 13 日 自治区党委十届五次全会审议通过《关于贯彻落实党的十八届四中全会精神全面推进广西法治建设的意见》。

11月14日 自治区党委、政府召开“美丽广西·生态乡村”活动电视动员大会，提出重点实施“村屯绿化”“饮水净化”“道路硬化”3个专项活动。

11月27日 自治区人民政府印发《关于进一步深化投融资体制改革的指导意见》。2017年7月，自治区党委、政府印发《关于深化投融资体制改革的实施意见》。

11月28日 广西首批跨境人民币贷款签约仪式在南宁举行，中国工商银行新加坡分行等3家境外银行与广西投资集团等5家企业签订总额为7.7亿元的跨境人民币贷款协议。

12月1日 由国家林业局、教育部、共青团中央联合授牌的广西首个“国家生态文明教育基地”在龙胜花坪国家级自然保护区管理局成立。

12月8日 广西壮族自治区人民政府、广西交通投资集团分别与中国交通建设股份有限公司在北京签订《贵港至隆安高速公路项目投资协议》《荔浦至玉林高速公路项目投资建设合作框架协议》。

12月16日 靖西至那坡、百色至靖西、桂平至来宾（武宣至来宾段） 3条高速公路建成通车。柳州（鹿寨）至南宁高速公路改扩建工程开工建设。

12月19日 由中国人民银行南宁中心支行指导、广西金融电子结算服务中心建设的区域性跨境人民币业务平台（南宁）开始运行。

12月26日 南宁火车东站正式启用，贵广、南广高铁同步全线开通，打通了连接贵州、广西、广东三省（自治区）的“黄金走廊”，三省（自治区）之间4小时经济生活圈初具雏形。

同日 自治区人民政府批准实施《创新和加强农民工工作任务分工方案》，提出进一步加强为农民工服务工作，创新农民工工作体制机制，明确各地各部门职责。

12月30日 重点支持广西"两区一带"产业发展的广西首支产业基金——北部湾产业投资基金正式启动。广西首支西江经济带专用建设基金——广西西江长运投资基金和首支地市级产业基金——广西北部湾（防城港）产业投资基金同时揭牌。

12月31日 自治区党委、政府印发《贯彻落实〈中共中央、国务院关于加强和改进新形势下民族工作的意见〉实施方案》。

本年 广西被中央确定为第三批司法体制改革试点省区。2015年，最高人民法院、司法部在全国法院推行人民陪审员制度改革试点工作，广西共有5家法院被列为试点单位。2017年11月，钦州市浦北县率先在全国成立首支县级生态安全警察大队、生态安全综合执法大队；12月，自治区党委办公厅、自治区人民政府办公厅印发《关于支持检察机关依法开展公益诉讼工作的通知》。

本年 自治区启动广西农村集体产权制度改革第一批全国试点，至2021年10月底，完成4批全国试点和整区试点工作，基本完成农村集体产权制度改革阶段性任务。

二〇一五年

1月1日 《广西壮族自治区湿地保护条例》施行。

1月18日 神华国华广投北海能源基地2×1000兆瓦燃煤发电机组工程建设在北海铁山港临海工业区启动，项目动态投资82.57亿元，建成后可实现年利税12亿元。

1月22日 自治区人民政府印发《关于深入推进依法行政加快建设法治政府的实施意见》，提出到2020年，全面实现法治政府基本建成的阶段性目标，全自治区治理体系和治理能力现代化水平明显提高。

1月26日 自治区人民政府印发《关于加快发展现代保险服务业的实施意见》。

1月27日—2月1日 自治区十二届人大第四次会议表决通过自治区人民政府工作报告，提出2015年，筹措资金520亿元继续实施10项为民办实事工程，重点抓好"千村通公路"、260万农村居民安全饮水、千万农户住房保险、20万套城镇保障性住房、一批幼儿园、5000个自治区级绿化示范村屯等6个方面的民生项目。

2月9日 国务院批复《左右江革命老区振兴规划》。4月10日，由广西牵头，桂滇黔三省（自治区）在百色联合召开左右江革命老区振兴规划实施动员会。同日，百色、河池、崇左等地举行左右江革命老区振兴规划系列项目开工仪式，标志着广西正式启动左右江革命老区重大工程建设3年行动计划。

同日　执行北部湾至东南亚海上丝绸之路航线首航的“北部湾之星”号在中国北海港正式启航，成为广西与东盟海上互联互通、促进沿线国家人文交流和经贸往来的又一纽带。

2月13日　广西北部湾航空公司正式投入运营。

2月25日　自治区人民政府印发《关于进一步推进全区户籍制度改革的指导意见》，提出到2020年，基本建立与全面建成小康社会相适应，有效支撑社会管理和公共服务，依法保障公民权利，以人为本、科学高效、规范有序的新型户籍制度，努力实现600万左右农业转移人口和其他常住人口在城镇落户。

3月8日　习近平总书记参加十二届全国人大三次会议广西代表团审议时指出，赋予广西“三大定位”新使命，即构建面向东盟的国际大通道、打造西南中南地区开放发展新的战略支点、形成21世纪海上丝绸之路和丝绸之路经济带有机衔接的重要门户。同时，习近平总书记对广西扶贫工作作出指示，指出加快贫困地区致富奔小康是广西全面建成小康社会必须啃下的硬骨头，离全面建成小康社会还有5年时间，我们要立下愚公志、打好攻坚战，决不让一个少数民族、一个地区掉队。要帮助贫困地区群众提高身体素质、文化素质、就业能力，努力阻止因病致贫、因病返贫，打开孩子们通过学习成长、青壮年通过多渠道就业改变命运的扎实通道，坚决阻止贫困现象代际传递。

3月19日　广西召开传达学习全国两会精神大会。会议就贯彻落实习近平总书记重要指示和全国两会精神，做好当前工作进行部署，提出适应新常态，完成好“十二五”目标、谋划好“十三五”发展，为全面建成小康社会打下坚实基础。3月27日，自治区党委常委会会议审议通过《关于贯彻落实习近平总书记在参加十二届全国人大三次会议广西代表团审议时的重要讲话所提工作要求的分工方案》

《关于推动落实代表所提建议的分工方案》。

4月8日 联合国开发计划署与中国合作的广西生物质能源可持续发展示范项目在崇左启动。

4月18日 大型壮族魔幻杂技剧《百鸟衣》在南宁剧场上演，拉开广西“壮族三月三”文化活动的序幕。《百鸟衣》以壮族民间传说为创作素材，融入花山壁画、铜鼓、壮族山歌等诸多文化元素，将杂技与多种舞台艺术进行融合提炼，以壮族民间故事将地圈、蹬技、柔术、转碟、滚杯、舞中幡等单项杂技巧妙地串联，表现了壮族人民百折不挠、团结拼搏的精神。

5月5日 全自治区“三严三实”专题教育正式启动。

5月8日 自治区人民政府印发《关于促进慈善事业健康发展的实施意见》，提出到2020年，在慈善组织培育、慈善资源拓展、慈善政策保障、慈善行业自律、慈善事业监管等5个方面，基本建成促进广西现代慈善事业健康发展的良好生态，推动形成慈善事业发展新格局。

5月10日 在2014年度全国社会治安综合治理工作综合考核中，广西考评得分90.70分，进入全国优秀省（区、市）行列。

5月22日 2015年首届广西网货节暨自治区农产品O2O交易会在钦州开幕。

5月25日—27日 自治区十二届人大常委会第十六次会议表决通过《广西壮族自治区巴马盘阳河流域生态环境保护条例》《广西壮族自治区企业工资集体协商条例》。

5月26日 自治区人民政府印发《关于加快电子商务发展的若干意见》，提出到2020年自治区电子商务交易总额超过1万亿元。5月28日，自治区人民政府批准实施《2015—2017年全区农村电子商务工作实施方案》。

5月28日 自治区党委、政府召开自治区服务业发展大会，强调要全力推动广西服务业大发展，促进经济转型升级，为加快实现“两个建成”目标增强新动力。

同日 广西壮族自治区财政厅代表广西壮族自治区人民政府在北京面向15家政府债券承销团成员，招标发行200亿元2015年自治区人民政府债券。这是广西首次自主发行地方政府债券。

6月5日 广西入选国家粮食局、财政部2015年“粮安工程”危仓老库维修改造重点支持省（自治区）。

同日 自治区人民政府在南宁举行政府和社会资本合作（PPP）项目推介新闻发布会，现场推介23个与百姓生产生活密切相关的项目，计划总投资433亿元。

6月10日 中国广西北部湾国际港务集团与新加坡国际港务集团在南宁签订合资协议，共同运营广西北部湾国际集装箱码头有限公司。这是国际港口运营商首次进驻广西北部湾经济区。

同日 自治区人民政府印发《关于进一步做好新形势下就业创业工作的通知》，明确8条就业创业具体扶持政策，推动大众创业、万众创新。

6月18日 习近平总书记在贵州召开部分省区市党委主要负责同志座谈会，听取湖北、湖南、广西、重庆、四川、贵州、云南等七省区市党委主要负责同志对“十三五”时期扶贫开发工作和经济社会发展的意见和建议。会前，广西等各省（自治区、市）已签订脱贫攻坚责任书，向中央立下了军令状。

6月23日 自治区党委常委会召开（扩大）会议，传达学习习近平总书记在部分省区市扶贫攻坚及“十三五”时期经济社会发展座谈会上的重要讲话精神，研究贯彻落实措施。会议指出，自2011年实施新一轮扶贫攻坚以来的4年间，广西减少贫困人口474

万。到2020年要实现剩余538万贫困人口的全部脱贫，6年时间年均需要脱贫近90万人。

6月25日 南宁跨境贸易电子商务综合服务平台启动暨中国—东盟（南宁）跨境电子商务产业园揭牌仪式在南宁保税物流中心举行。9月19日，中国—东盟跨境电商平台启动仪式在南宁举行。

6月 自治区党委、政府印发《贫困县党政领导班子和领导干部经济社会发展实绩考核办法（试行）》，明确贫困县考核不再唯地区生产总值、减贫人口数量为主要指标。

7月3日 自治区人民政府印发《关于建设养老服务业综合改革试验区的意见》，成为全国首个创建省级养老服务业综合改革试验区的省份。2015年，自治区先后出台《关于建立健全经济困难的高龄、失能等老年人补贴制度的通知》等10余件促进养老服务业发展的政策文件。

7月7日 自治区党委、政府批准实施《关于进一步加强广西社会治安防控体系建设的实施意见》，从社会治安防控网络建设等5个方面，提出20条具体措施。

7月16日 自治区人民政府印发《关于加快发展体育产业促进体育消费的实施意见》，提出必须转变职能，强化市场监管和服务，通过健全工作机制、加大资金投入、落实税费优惠、完善规划布局等措施，保障和打造广西特色体育品牌赛事、体育产业链和衍生品，做大做强体育产业。

7月21日 红水河都安—珠三角集装箱航线首航。

7月22日—24日 根据《中华人民共和国立法法》有关规定，自治区人大第十二届常委会第十七次会议决定：柳州、桂林、梧州、北海、钦州、玉林6个设区市人民代表大会及其常务委员会自2015年8月1日起开始行使地方立法权；12月10日，第二十次会议决定：

防城港、贵港、百色、贺州、河池、来宾、崇左7个设区市人民代表大会及其常务委员会自2016年1月1日起开始行使地方立法权，地方可以对城乡建设与管理、环境保护、历史文化保护等方面的事项制定地方性法规，并报自治区人民代表大会常务委员会批准后施行。

7月28日　自治区党委、政府在南宁召开自治区生态经济工作会议，强调要开展一场全方位、系统性的绿色变革，以绿色化引领广西经济社会发展转型升级。

7月30日　民政部、财政部安排专项资金1560万元，为广西52个多灾、易灾县配备的56辆救灾应急专用车辆在南宁正式交接发车。

8月5日　自治区人民政府批准实施《关于促进旅游与相关产业融合发展的意见》，提出要围绕旅游产业要素和相关产业的横向融合，创新产业融合模式，释放旅游经济发展红利，实现惠民兴业，促进全自治区旅游业跨越发展。

8月13日　自治区人民政府批准实施《全面改善贫困地区义务教育薄弱学校基本办学条件项目规划（2014—2018年）方案》。

8月22日　广西投资集团有限公司、广西建工集团有限责任公司、广西柳州（钢铁）集团公司、广西北部湾国际港务集团有限公司、广西玉柴机器集团有限公司、广西交通投资集团有限公司等6家企业入围2015中国企业500强。同日，以“一带一路：大企业的新机遇新作为”为主题的2015中国500强企业高峰论坛在南宁举行。

8月23日　农业部与金正大集团合作共建的首所“农民田间学校”在武鸣县挂牌成立。

8月25日　自治区党委印发《贯彻落实〈中共中央关于加强和改进党的群团工作的意见〉实施方案》。

9月1日　经自治区党委同意，自治区纪委从2015年9月到2016年6月在全自治区范围内集中开展查处发生在群众身边的“四风”和腐败问题专项工作。

9月7日 新选任的40名自治区检察院人民监督员获颁证书并参加初任培训。这是广西2014年9月推进人民监督员选任管理方式改革以来所选任的首批自治区级人民监督员。广西是全国人民监督员选任管理方式改革的10个试点省区之一，40名人民监督员的任期为5年，从选任决定发布之日起开始执行。

9月8日 柳州、来宾、河池三市签订“柳来河一体化”环境保护合作框架协议，这标志着广西首个环保联防联控区域协作机制建立。

9月13日—14日 中国—东盟信息港论坛在南宁召开。同日，中国—东盟信息港建设正式启动。9月15日—16日，第八届中国—东盟智库战略对话论坛、第十届中国—东盟文化论坛、2015年中国—东盟环境合作论坛、首届中国—东盟保险合作与发展论坛等在南宁召开。

9月19日 广西壮族自治区人民政府、中国建设银行广西区分行、建银国际有限公司、广西北部湾国际港务集团共同签订广西北部湾人民币国际投贷基金合作框架协议，成为广西沿边金融综合改革的标志性工程之一。

9月22日 粤桂黔高铁经济带合作试验区（广东园）建设工作现场会暨首届粤桂黔高铁经济带合作联席会议及投资洽谈会在广东省佛山市南海区召开。

9月23日 以“共商、共享、共建”为主题，由广西壮族自治区人民政府和中国建设银行共同主办的21世纪海上丝绸之路（广西）投资论坛暨项目签约会在南宁举行，双方签订战略合作备忘录、丝路主题产业发展系列基金战略合作协议。

9月28日 自治区人民政府召开专题会议，研究加快建设中国—

东盟信息港，强调要充分认识建设中国—东盟信息港的重大意义，当前立足一手抓规划编制、一手抓平台发展，全力加快南宁核心基地建设，在推动中国—东盟网络互联互通、建设更为紧密的命运共同体的同时，进一步提升广西在国家开放发展格局中的地位和作用。

10月12日 自治区党委、政府召开自治区精准扶贫攻坚动员大会暨贫困村党组织第一书记培训会，吹响“攻坚五年、圆梦小康”的冲锋号，动员全自治区上下统一思想，采取超常举措，下过硬功夫，以决战决胜的勇气和担当，全力以赴打赢精准扶贫攻坚战，确保贫困群众到2020年与全国、全自治区同步实现全面小康。

10月12日—22日 世界银行派出项目准备团到广西开展贫困片区农村扶贫试点示范项目贷款前期准备工作考察活动。2016年12月22日，世界银行执行董事会为广西农村扶贫试点示范项目提供1亿美元贷款，以建立加强农民合作社与农业企业合作，拓宽贫困农户增收渠道。2017年4月7日，试点示范项目启动仪式在平果县举行。

10月16日 广西壮族自治区扶贫办与中国农业发展银行广西分行等4家银行签订“十三五”期间金融扶贫合作框架协议，明确“十三五”期间，4家银行计划安排至少5400亿元贷款支持广西贫困地区开展扶贫攻坚。

10月17日 广西教育扶贫全覆盖行动启动仪式在南宁举行。

10月21日 广西第一书记扶贫产业园在南宁动工兴建。

10月22日 自治区扶贫开发领导小组综合协调专责小组正式运作。

同日 中华思源工程扶贫基金会向南宁市上林县等县级医院捐赠20辆救护车，以提高当地医疗卫生服务水平。

10月27日—29日 2015年自治区扶贫产业开发现场推进会在金秀瑶族自治县召开。会议指出，要因地制宜突出特色发展规模化示范化产业经济，为贫困群众脱贫致富提供产业支撑。

10月28日 由国家旅游局支持、桂粤琼三省（自治区）联手推动的“北部湾（中国）旅游推广联盟”正式在北海成立。

11月2日 经国务院批准，由南宁高新区托管的南宁保税物流中心升级为南宁综合保税区。

11月3日 2015年广西科学技术奖励大会暨科技成果转化大行动启动会在南宁举行。“现代特色中成药三金片的研究与开发”“水泥绿色制成技术创新与系统集成及产业化应用”2项成果荣获科学技术特别贡献奖。根据自治区人民政府印发实施的《广西科技成果转化大行动实施方案（2015—2020年）》，广西将用5年时间重点开展支撑产业发展科技成果转化行动、重点领域科技成果引进转化行动、科技成果转移转化服务平台建设行动，以探索形成上下联动、横向协同、运行顺畅、协调有效的科技成果转移转化机制，形成自治区、市、县三级全覆盖的统一网上技术交易平台体系，力争将广西建设成为中国面向东盟的重要科技成果转化与技术转移核心区。

11月5日 第二次全国改善农村人居环境工作会议在恭城瑶族自治县召开。会议强调，要按照全面建成小康社会的总体要求，扎实开展农村人居环境整治，加快改善农村生产生活条件，建设美丽宜居乡村，提高社会主义新农村建设水平。11月6日，自治区深入推进“美丽广西”乡村建设暨改善农村人居环境现场会在恭城瑶族自治县召开。

11月10日 中央宣讲团党的十八届五中全会精神报告会在南宁举行。11月11日，自治区党的十八届五中全会精神集中宣讲活动全面启动。

11月11日 自治区精准识别贫困户贫困村工作推进会在南宁召开。11月23日—12月1日，自治区派出4个督查组共10个小组，对所有市县进行精准识别督查。12 月 3 日，督查工作汇报会在南宁召开，要求各地各部门根据督查发现的问题，制定整改清单，抓好整改落实，坚决打赢精准识别这一基础战役。

11 月 13 日 广西新农合跨市异地即时结报系统正式开通。

11 月 16 日 粤桂合作特别试验区联合管委会揭牌。

同日 第三届“东盟 +3 村官交流项目”活动在南宁开幕。来自中国和东盟十国的政府官员、基层村干部、专家学者等代表参加为期 7 天的活动。

11 月 24 日 全国甘蔗生产全程机械化现场推进会在崇左召开，广西甘蔗生产全程机械化现场会同步举行。

11 月 29 日 广西壮族自治区人民政府与国家开发银行在南宁签订一系列扶贫开发合作协议。

11 月 30 日 自治区党委召开常委（扩大）会议，强调要切实贯彻、落实好中央扶贫开发工作会议精神，建立年度脱贫攻坚报告制度和年度扶贫开发工作逐级督查制度，抓好精准帮扶培训，科学制定脱贫攻坚的具体规划，完善精准脱贫的政策措施。

12 月 1 日 自治区 2015 年中央专项彩票公益金扶贫项目启动。同日，自治区首个众创示范基地在南宁正式运营。

12 月 2 日—3 日 自治区党委十届六次全会在南宁召开。会议提出深化实施“双核驱动、三区统筹”新格局，即实施沿海沿江优先发展战略，统筹推进广西北部湾经济区、西江经济带、左右江革命老区振兴，形成区域发展战略新格局。会议审议通过《中共广西壮族自治区委员会关于制定国民经济和社会发展第十三个五年规划的建议》《关于贯彻落实中央扶贫开发工作重大决策部署坚决打赢“十三五”脱贫攻坚战的决定》。2016 年 2 月 29 日，自治区人民政府印发《广西壮族自治区国民经济和社会发展第十三个五年规划纲要》，规划建议和规划纲要提出“十三五”期间，要紧紧围绕“三大定位”，深入实施创新驱动、开放带动、双核驱动、绿色发展“四大战略”，强力推进基础设施建设、产业转型升级、农村全面脱贫三大攻坚战，全力推动结构性改革，加快发展、赶超跨越，形成引领经济发展新常态的体制机制和发展方式，构建面向国内国际开放合作新格局，推动沿海沿江沿边地区协调发展，确保与全国同步全面建成小康社会，基本建成中央赋予广西的“三大定位”。

12月4日　自治区人民政府常务会议传达学习贯彻中央扶贫开发工作会议精神和自治区党委关于坚决打赢“十三五”脱贫攻坚战的决定，部署全面实施大众创业、万众创新，打造广西发展新引擎新动力，部署广西糖业转型升级实现二次创业，提升可持续发展能力和国际竞争力。

同日　自治区党委印发《中共广西壮族自治区委员会关于加强社会主义协商民主建设的实施意见》。

12月7日　自治区新一轮扶贫移民搬迁暨南宁市上林县“老乡家园”项目启动仪式在上林县举行。同日，南宁、桂林、柳州、来宾、贺州、百色、河池和崇左八市启动“老乡家园”项目。

12月7日—10日　自治区十二届人大常委会第二十次会议表决通过《广西壮族自治区实施宪法宣誓制度办法》《广西壮族自治区海域使用管理条例》。

12月11日　2015年珠江水运发展高层协调会议在福州召开，会议审议通过《珠江水运发展高层协调机制工作规则》，同意依托泛珠合作平台建立珠江水运发展高层协调机制。

同日　南昆客运专线南宁至百色段正式开通运营，标志着广西“北通、南达、东进、西联”高铁路网新格局初步形成。

12月13日　2015广西靖西·中国东盟跨境电子商务论坛暨电

子商务战略合作伙伴签约仪式在靖西市举行。

12 月 15 日 新华社联合南宁市人民政府首次发布面向东盟地区的人民币汇率指数：中国—东盟（南宁）货币指数（Nanning CAMI）。这是全球金融市场上首个全面反映人民币与东盟国家有效汇率变动的综合性指数。

12 月 16 日 国务院常务会议决定，对已列入国家相关规划、具备建设条件的广西防城港红沙核电二期工程“华龙一号”三代核电技术示范机组等项目予以核准。12 月 23 日，二期工程正式开工建设，总投资超 400 亿元。

12 月 17 日 广西壮族自治区人民政府与国家林业局、国家开发银行签订共同推进广西国家储备林项目建设合作协议，将广西确定为国家储备林首个试点省（自治区），拟在未来 8 年，支持广西建设国家储备林基地一期项目 750 万亩，项目总投资 125 亿元。

12 月 27 日 中国中车“南宁地铁南宁造”车辆正式下线，这是广西诞生的第一个城市轨道交通产品，用于 2016 年开通的南宁地铁 1 号线的运营。2016 年 12 月 28 日，南宁轨道交通 1 号线全线开通运营，广西成为中国第一个开通地铁的少数民族自治区。

12 月 29 日 全自治区已完成 2015 年精准识别贫困户分数线和 2013 年、2014 年精准识别建档立卡户分数线的划定工作。

同日 来宾至马山、马山至平果、柳州至武宣、灌阳至凤凰 4 条高速公路建成通车，广西新增高速公路里程 567 公里，全自治区高速公路里程突破 4000 公里，合山、上林、灌阳、象州 4 个县（市）结束“零高速”的历史。同日，崇左至水口、乐业至百色、贺州（钟山）至昭平 3 条高速公路开工建设。

12 月 30 日 自治区人民政府常务会议研究出台广西“十三五”精准脱贫攻坚系列配套文件，审议通过大数据平台建设、交通基础设施建设、水利建设等 19 个脱贫攻坚实施方案。

12 月 31 日 自治区人民政府批准实施《大力推进大众创业万众创新实施方案》，提出到 2020 年底，全自治区初步形成较为完善的创业创新政策体系。

12 月 国务院扶贫办、中国农业发展银行总行批复将百色市列为全国第一个政策性金融扶贫实验示范区。

本年 广西扩大重点高校招收农村学生规模，农村和贫困地区的学子更容易进重点大学。

本年 自治区党委、政府印发《关于加快构建现代公共文化服务体系的实施意见》，并公布《自治区基本公共文化服务实施标准（2015—2020 年）》。2016—2018 年，广西还陆续出台《关于做好政府向社会力量购买公共文化服务工作意见》《关于推进基层综合性文化服务中心建设的实施意见》《广西"十三五"基本公共服务均等化规划的通知》等文件，构建覆盖全自治区的现代公共文化服务制度体系。

本年 "十二五"末，广西地区生产总值 1.48 万亿元，人均地区生产总值 3.1 万元，总体进入中等收入阶段。

二〇一六年

1 月 5 日 首届粤桂两省（自治区）贫困村创业致富带头人培训班在佛山开班，开展粤桂两省（自治区）贫困村创业致富带头人培训工作。9 月 4 日，广西·广东扶贫协作工作联席会议在田阳县举行。11 月 7 日—13 日，2016 年广东帮扶广西扶贫管理干部培训班在广州开班。

1 月 7 日 自治区人民政府召开自治区 60 周年大庆重大公益项目建设情况汇报会，专题研究解决项目建设有关问题，要求各级各有关部门要以迎接自治区成立 60 周年大庆为契机，全力抓好一批重大公益性项目建设，同时增加基本公共服务供给，使全体人民在共建共享发展中有更多获得感。

1 月 11 日 中央、国家机关和有关单位定点帮扶广西贫困县工作推进会在南宁召开。10 月 20 日，中央单位定点帮扶广西贫困县工作座谈会在南宁召开，总结交流新一轮中央单位定点帮扶广西贫困县工作经验，研究部署下一步工作。2018 年 7 月 23 日—26 日，自治区党委组织部、自治区扶贫办在百色干部学院联合举办中央单位定点扶贫和广东省扶贫协作挂职干部培训班。2019 年 11 月 28 日，2019 年中央单位定点扶贫广西贫困县工作座谈会在北京举行，通报中央单位定点扶贫广西贫困县情况，提出下一步工作建议。

同日 自治区人民政府在南宁召开糖料蔗价格指数保险试点工作动员大会，标志着广西正式启动糖料蔗价格指数保险试点工作。

1月12日 2016年自治区扶贫开发领导小组第一次全体会议在南宁召开，对全年扶贫工作作出了总体部署，明确了完成120万贫困人口脱贫、1000个贫困村和8个贫困县摘帽的年度目标。

1月15日 自治区十二届人大常委会第二十一次会议表决通过新修订的《广西壮族自治区人口和计划生育条例》，施行全面二孩政策，提倡一对夫妻生育两个子女。

1月18日 自治区召开中央扶贫开发工作会议精神宣讲电视电话会议。

同日 驻桂部队参与打赢“十三五”脱贫攻坚战动员部署会在南宁召开。

1月19日—20日 自治区乡村旅游与旅游扶贫工作现场推进会在南丹县召开，会议要求做深做细旅游扶贫大文章，使旅游产业成为助农增收脱贫致富的法宝，让贫困群众能够分享更多旅游发展红利。

1月21日 自治区教育精准扶贫现场推进会在百色举行，会议强调要进一步落实教育精准扶贫责任，用好用足教育精准扶贫政策，大力推动教育精准扶贫深入开展，阻断贫困代际传递。

2月1日 全国优秀农民工和农民工工作先进集体表彰大会在北京召开。承担广西“雨露计划”扶贫培训工作的广西贫困地区干部培训中心荣获“全国农民工工作先进集体”称号，是全国扶贫系统唯一获此荣誉的单位。

2月2日 自治区人民政府批准实施《脱贫攻坚农村“三留守”人员和残疾人关爱工作实施方案》《深入动员社会力量参与脱贫攻坚实施方案》《精准脱贫摘帽实施方案》。

2月3日 国家重点建设工程——滇西北送电广东±800千伏特高压直流工程开工建设。5月28日，西电东送首条落点广西的500千伏直流输电工程——云南金沙江中游电站送电广西直流输电工程竣工投运。2017 年 7 月 10 日，西电东送重要节点——500 千伏桂南输变电工程竣工投运。

2 月 18 日 广西首批补充耕地指标交易成交仪式在南宁举行。

2 月 23 日 自治区产业脱贫 2016 春季大行动启动电视电话会议在南宁召开，会议强调，要加快推进“八个一批”中“发展产业脱贫一批”的工作进程，为“十三五”脱贫攻坚产业发展打下坚实的基础。

2 月 24 日 人民日报社、新华社、中新社、《中国旅游报》等 20 余家中央媒体记者参加 2016 年美丽中国行·聚焦桂西旅游扶贫大型采风活动，到河池、百色进行采访，聚焦贫困地区旅游扶贫开发工作。

2 月 24 日—28 日 自治区党委、政府召开贫困村党组织第一书记、工作队长脱贫攻坚精准帮扶培训会，在前一阶段基本完成精准识别工作的基础上，推进部署下一阶段精准帮扶工作，要求以决战决胜之势夺取“十三五”脱贫攻坚新胜利。

2 月 25 日 富士康南宁科技园千亿元电子信息产业园投资协议在南宁签订。该产业园是富士康于“十三五”时期重点打造的具有“云”+“网”+ 创新创意创客特色的电子信息产业园区。

2 月 自治区人民政府批复《广西水资源保护规划》，提出实行最严格的水资源管理制度，保障饮水安全、供水安全和生态安全，促进经济社会发展与水生态环境相协调。

3 月 4 日 河池贫困村旅游扶贫开发启动仪式在巴马瑶族自治县那桃乡平林村举行，标志着广西 550 个贫困村的旅游扶贫工作全面启动，旅游扶贫工作全面进入精准帮扶、精准脱贫新阶段。

3 月 6 日 中国北部湾港—缅甸—马来西亚集装箱航线在钦州保税港区首航。

同日 自治区人民政府印发《关于第一批清理规范行政审批中介服务事项的决定》，清理规范119项行政审批中介服务事项。8月1日，印发《关于第二批清理规范74项行政审批中介服务事项的决定》。11月18日，印发《关于清理规范投资项目报建审批事项的通知》，清理规范投资项目报建审批事项58项。

3月17日 自治区人民政府印发《广西积极推进"互联网+"行动实施方案》。12月30日，自治区人民政府批准实施《推进"互联网+政务服务"开展信息惠民试点工作方案》。

3月24日 南宁海关与广州海关在广州签订深化合作备忘录，明确粤桂合作特别试验区与广东自贸试验区南沙片区建立"区区合作"，梧州港、贵港港与广州港实现"港港联运"，南宁吴圩国际机场与广州白云国际机场的国际中转业务实现"空空联运"。

3月25日 百色首条连接环渤海、珠三角地区的空中走廊——天津—深圳—百色航线首航。

3月30日 京东集团广西农村电商精准扶贫启动仪式暨华南区首场扶贫招工对接会在田东县举行。

4月7日 自治区人民政府印发《关于进一步完善城乡义务教育经费保障机制的通知》，提出在整合农村义务教育经费保障机制和城市义务教育奖补政策的基础上，建立城乡统一、重在农村的义务教育经费保障机制。这是教育领域健全城乡发展一体化体制机制的重大举措。

4月12日 2014—2015年度"美丽广西"乡村建设（扶贫）工作队工作总结表彰暨新选派队员动员会在南宁举行。

4月19日 中石化广西液化天然气（LNG）项目投产仪式在北海液化天然气（LNG）接收站举行，标志着中国西南地区首个液化天然气（LNG）项目在北海进入商业运营。

同日 自治区人民政府批准实施《关于进一步加快推进城镇棚户区和城乡危房改造及配套基础设施建设工作的通知》。2018年，广西因该项工作成效明显，获得国务院督查激励。

4月25日 自治区人民政府印发《关于降低实体经济企业成本若干措施的意见》，提出为企业降本增效，推进供给侧结构性改革。2017年5月27日，印发《关于进一步降低实体经济企业成本的意见》，提出降低工业企业成本“新28条”政策措施，随着相关配套政策的相继出台和落实，每年能降低实体经济企业成本120亿元。

4月26日 自治区人民政府召开行业扶贫工作推进会，总结各行业部门贯彻落实“1+20”脱贫攻坚系列文件工作情况，交流行业扶贫工作经验，研究部署2016年行业扶贫工作。

4月29日 自治区人民政府召开广西脱贫攻坚工作新闻发布会，发布广西脱贫攻坚战有关计划目标、“八个一批”“十大行动”实施情况、广西2016年易地扶贫搬迁工程计划及实施情况。

5月1日 广西与全国同步启动全面推开“营改增”试点工作。

5月10日 广西壮族自治区人民政府与中国泛海控股集团（简称泛海集团）在南宁签署“泛海助学行动”框架协议。根据协议，泛海集团自2016年8月起至2020年8月，每年无偿资助1万名考上大学的贫困家庭大学生每人5000元人民币，帮助他们完成学业，5年共计将捐赠人民币2.5亿元，惠及5万名贫困家庭学生。

5月13日 自治区人民政府常务会议研究部署广西防汛救灾工作，强调要确保群众生命财产安全；谋划加快贫困县、贫困村脱贫摘帽步伐，强化激励约束机制。

同日 自治区人民政府批准实施《广西易地扶贫搬迁“十三五”规划》。6月1日，“十三五”易地扶贫搬迁工程融资签约和建设启动。截至2019年12月底，广西易地扶贫搬迁安置住房全部建设完成，71

万建档立卡贫困人口全部搬迁入住，提前1年完成全自治区“十三五”易地扶贫搬迁规划建设任务。

5月18日 广西启动成立总规模200亿元的珠江西江产业投资基金，支持西江经济带船闸、港口、水运物流、新兴产业、现代服务业建设。

同日 自治区农村垃圾专项治理两年攻坚行动全面启动，到2017年底将基本实现100%的乡镇有垃圾转运或处理设施，90%的村庄生活垃圾得到有效处理。

5月27日 外交部与广西壮族自治区党委、政府在北京举行“开放的中国：广西与世界同行”全球推介活动。

同日 中国—东盟港口物流信息中心在钦州启用。

6月13日—14日 自治区2016年度脱贫摘帽推进大会在南宁召开，要求各地各有关部门把思想和行动进一步统一到党中央和自治区关于脱贫攻坚的决策部署上来，全力以赴完成全年120万贫困人口、1000个贫困村、8个贫困县（市、区）的脱贫摘帽任务，坚决打赢“十三五”脱贫攻坚开局之战。

6月15日 自治区人民政府印发《打造我国西南中南地区开放发展新的战略支点的实施意见》，提出要充分发挥广西与东盟国家陆海相连的独特区位优势和战略作用，积极适应、主动引领经济新常态，强化国际通道、开放门户、产业牵引、要素集散、服务平台、试验示范功能，提升对西南、中南地区开放发展的带动能力和服务水平，为形成国家全方位开放新格局、促进经济提质增效升级、全面建成小康社会、实现中华民族伟大复兴的中国梦作出贡献。

6月17日 自治区党委、政府召开中国—东盟信息港建设推进会。会议指出，中国—东盟信息港是被纳入国家“十三五”规划纲要的重大项目，国家将其核心基地放在广西，既是对广西的充分信任和关怀厚爱，也是赋予广西的一项光荣任务和重要使命。同时会议强调，要高标准完成中国—东盟信息港各项建设任务，将其建设成为高水平的21世纪海上丝绸之路典范工程，建成中国—东盟共享网络发展成果的“信息丝绸之路”。

6月21日 2016年粤桂产业合作对接交流会在南宁举行。

6月22日 自治区党委、政府召开自治区开放发展大会暨招商引资工作会议，全面贯彻落实党的十八届五中全会和自治区党委十届六次全会精神，深入学习贯彻习近平总书记系列重要讲话特别是关于广西开放发展的重要指示精神，动员全自治区上下牢牢把握国家“一带一路”建设新机遇，加快落实“三大定位”新使命，以更大决心、更强力度、更实举措，实施更加积极主动的开放带动战略，构建面向国内国际开放合作新格局，为新常态下稳增长、调结构、促转型，加快实现“两个建成”目标注入强大动力、活力。

同日 第十届中国—东盟社会发展与减贫论坛在桂林举行。

6月23日 广西农业项目合作洽谈暨科技成果展示对接会在南宁国际会展中心举行。

6月28日 南宁轨道交通1号线开通。经过3年半时间的建设，南宁正式迈入地铁时代，700万南宁市民圆了期盼多年的地铁梦。

6月30日 自治区党委在南宁召开庆祝中国共产党成立95周年大会。

7月1日 自治区人民政府印发《广西壮族自治区人民政府关于深入实施商标品牌战略的意见》。2017年8月，印发《广西深入实施商标品牌战略推进广西品牌建设工作任务分解方案》。2018年12月3日，制定实施商标品牌强桂战略行动计划，计划用3年时间推动广西品牌建设向更高层次、更深程度、更高质量发展。

同日 自治区级政策性农业信贷担保机构——广西农业信贷担

保有限公司在南宁挂牌运营。

7月5日 自治区党委印发《中共广西壮族自治区委员会关于繁荣发展社会主义文艺的实施意见》，提出建立和完善以人民为中心的创作机制、建设德艺双馨的文艺队伍、加强和改进党对文艺工作的领导，深入实践、深入生活、深入群众，创作更多无愧于民族和时代的文艺精品，不断满足人民的精神文化生活，建设社会主义文化强区。

7月13日 自治区县域电子商务发展大会在横县召开，研究部署县域电商发展和电商脱贫攻坚工作。广西壮族自治区人民政府与阿里巴巴集团在会上签订县域电子商务建设全面战略合作协议。

7月14日—8月14日 中央第六环境保护督察组（简称督察组）进驻广西开展环境保护督察工作；11月17日，督察组向自治区党委、政府反馈督察情况；11月30日，自治区召开整改工作推进会，强调以整改实际行动和工作成效推动广西环境质量明显改善，切实擦亮“山清水秀生态美”的金字招牌。2017年11月16日，自治区党委、政府通报督察组移交生态环境损害责任追究问题问责情况。

7月26日—29日 2016年自治区贫困县乡（镇）党委书记或乡（镇）长扶贫工作专题研讨班在南宁开班，来自54个贫困县、乡（镇）90余人参加研讨班。

7月28日 广西首个服务东盟跨境货物运输的铁路无轨火车站——东盟海陆铁联运跨境物流“无轨站”在东兴市挂牌运营。

8月1日 广西壮族自治区人民政府与国家开发银行在南宁签订开发性金融推进广西城市建设战略合作框架协议。2017年4月24日，双方在南宁举行工作会商，并签订“十三五”开发性金融合作备忘录和开发性金融推进广西铁路建设战略合作备忘录。

8月2日 国务院批复同意设立广西凭祥重点开发开放试验区。2017年7月28日，自治区人民政府印发《广西凭祥重点开发开放试验区建设总体规划（2016—2025）》。

8月3日 自治区人民政府批准实施《广西利用中国农业发展银行专项贷款推进改善农村人居环境基础设施建设项目规划（2016—2020年）》，提出：到2020年，全自治区示范镇、民族乡和乡改镇的基础设施进一步完善，服务农村的水平、农村污水无害化处理、广西村镇生活垃圾处理水平进一步提高；完成一批中国传统村落和广西传统村落的有效保护与发展，完成一批村屯的乡土特色建设示范，辐射带动周边农村发展；全自治区农村人居环境基本实现干净、整洁等。

8月7日 自治区党委十届七次全会在南宁召开。全会决定，2016年第四季度在南宁召开中国共产党广西壮族自治区第十一次代表大会。全会确定自治区第十一次党代会的指导思想和主要任务是：高举中国特色社会主义伟大旗帜，全面贯彻党的十八大和十八届三中、四中、五中全会精神，坚持以马克思列宁主义、毛泽东思想、邓小平理论、“三个代表”重要思想、科学发展观为指导，深入学习贯彻习近平总书记系列重要讲话精神，落实全面从严治党要求，牢固树立政治意识、大局意识、核心意识、看齐意识，树立和贯彻落实创新、协调、绿色、开放、共享的发展理念，紧紧围绕“五位一体”总体布局和“四个全面”战略布局，认真总结自治区第十次党代会以来经济社会发展和党的建设取得的成就和经验，深入分析自治区发展面临的新形势新机遇，科学提出今后五年全自治区工作的指导思想、奋斗目标、主要任务和重要措施，进一步动员和凝聚全自治区各级党组织和广大共产党员的智慧和力量，团结带领全自治区各族人民，同心同德，开拓进取，抢抓机遇，乘势而上，为全面落实中央赋予广西的“三大定位”、顺利实施“十三五”规划、加快实现“两个建成”目标而努力奋斗。

8月22日—23日 自治区“一帮一联”工作暨乡村脱贫攻坚落

实平台建设现场会在平果县召开。

8月25日 广西北部湾航空首架空客A320飞机首航，结束广西本土航空公司没有“大飞机”的历史。

同日 自治区健康扶贫电视电话会议在南宁召开。

同日 广西壮族自治区人民政府与浪潮集团在南宁签订推进中国—东盟信息港建设战略合作框架协议。

8月27日 广西投资集团有限公司、广西建工集团有限责任公司、广西柳州钢铁集团有限公司、广西北部湾国际港务集团有限公司、广西玉柴机器集团有限公司、广西盛隆冶金有限公司入围2016年中国企业500强。

9月1日 新修订的《广西壮族自治区环境保护条例》施行。

9月13日 首届世界桂商发展大会在南宁召开。

9月22日 自治区党委、政府召开自治区创新驱动发展大会。会前，出台《关于实施创新驱动发展战略的决定》《广西科技创新“十三五”规划》《广西战略性新兴产业创新发展实施方案》及系列配套文件。

10月9日 第二届粤桂黔高铁经济带合作联席会议暨广西园建设工作现场会在柳州召开。

10月12日 自治区人民政府印发《关于加强农村留守儿童关爱保护工作的实施意见》。12月27日，印发《关于加强困境儿童保障工作的实施意见》。

同日 自治区人民政府批准实施《关于推进城市基础设施建设投融资体制改革的实施意见》，提出进一步确立企业投资的主体地位、增强投融资管理的综合服务能力、挖掘社会各类资本的活力和潜力、加强财政资金的带动作用、发挥信贷资金的主渠道作用等各项改革措施，有效激发社会投资动力和活力，促进广西新型城镇化规划、

“十三五”规划等重大战略规划的实施。

10月15日 “微助八桂”互联网+精准扶贫公益项目启动，标志着该扶贫公益项目上线运营，向贫困群众提供双向互动、精准对接、快捷直达、全程透明的爱心微助。

同日 自治区驻村第一书记扶贫农产品展示会在南宁举行。

10月19日 自治区人民政府决定建设柳州、桂林2个自治区级自主创新示范区。

10月19日—25日 国务院扶贫开发领导小组督查组对广西脱贫攻坚工作开展督查。

10月27日 广西螺霸王食品有限公司获得广西出入境检验检疫局颁发的出口食品生产企业备案证明书，成为全国首个获得此资质的螺蛳粉企业。

10月28日 自治区人民政府印发《关于整合城乡居民基本医疗保险制度的实施意见》，提出按照社会保障全覆盖、保基本、多层次、可持续的方针，整合城镇居民医保和新农合制度，理顺管理体制，推动建立医疗保障更加公平、管理服务更加规范、医疗资源利用更加有效的城乡居民医保制度，促进全民医疗保险体系持续健康发展，加快完善社会保障制度体系。

11月9日 2016年扶贫对象动态调整暨全国扶贫开发信息系统操作培训班在南宁举办。2017年7月15日，自治区贫困人口动态调整工作会议在南宁召开，就进一步做好贫困人口动态调整工作作出具体部署；至10月10日，完成全自治区贫困人口动态调整、市际交叉检查、“回头看”工作。

11月10日 广西壮族自治区人民政府与中国平安保险（集团）股份有限公司在南宁签订战略合作框架协议。3年内，中国平安保险（集团）股份有限公司将为双方在基础设施和新兴产业、社会保障和保险、银行业务等重点领域的合作项目提供投融资意向金额不低于3000亿元。

11月10日—11日　国务院扶贫办全国扶贫宣传教育中心到广西调研脱贫攻坚工作。

11月11日　自治区人民政府印发《促进大数据发展行动方案》，提出到2020年底，把广西建设成为面向东盟、连接中南西南地区的大数据集散地。

11月21日—24日　自治区第十一次党代会在南宁召开，强调要深入实施创新驱动、开放带动、双核驱动、绿色发展战略，全力打好基础设施建设、产业转型升级、农村全面脱贫攻坚战，着力营造“三大生态”，奋力实现“两个建成”，谱写建党百年广西发展新篇章。

12月2日　广西对外劳务合作服务平台在南宁揭牌成立。这是广西首个对外劳务合作服务平台。

12月6日　自治区人民政府批准实施《广西经济体制改革“十三五”规划》，提出到2020年，在重要领域和关键环节改革上取得决定性成果，基本形成充满活力、富有效率的经济体制和依法高效的行政管理体制等。

12月11日　（中国）友谊关—（越南）友谊口岸国际货物运输专用通道试运行，中越贸易再次“提速”。

12月12日　自治区贫困家庭“两后生”（指广西建档立卡贫困家庭中，未继续升学的适龄初、高中毕业生）中期就业技能培训工作座谈会在南宁召开。

12月15日　自治区义务教育均衡发展督导评估组在来宾市兴宾区评估会上宣布兴宾区通过评估。来宾成为广西首个实现义务教育均衡发展的设区市。

同日　广西海警总队、自治区海洋局、自治区水产畜牧兽医局三方共同签订《广西海上综合执法协作机制》。该机制是国内省级首个纳入政府边海防联合管控工作的海上综合执法协作机制。

12月16日 宾阳县陈平镇平天村垃圾无害化处理项目启用，这是广西实施《广西农村垃圾专项治理两年攻坚实施方案》以来首个投入使用的村级垃圾处理项目。

12月24日 全国产业扶贫现场会在百色召开。百色在特色优势产业带动精准脱贫方面走在全国前列。

12月27日 自治区召开“美丽广西·宜居乡村”活动电视动员大会，全面启动宜居乡村建设，重点实施“产业富民”“服务惠民”“基础便民”3个专项活动。

同日 自治区高速公路重大项目开竣工现场会主会场在南宁市五塘镇五塘收费站互通接口处举行，在北海、玉林、梧州、河池等市设分会场，同时举行项目开工现场会。

12月28日 自治区参与“一带一路”建设工作会议在南宁召开，传达学习中央推进“一带一路”建设工作座谈会精神，部署广西参与“一带一路”建设工作。会议指出，推进“一带一路”建设，是以习近平同志为核心的党中央根据全球形势深刻变化，统筹国际、国内两个大局作出的重大战略决策。全自治区各级各部门要认真学习贯彻习近平总书记重要讲话精神，深刻认识“一带一路”建设的重大现实意义和深远历史意义，不断增强参与“一带一路”建设的自觉性和坚定性，在总结成绩和分析问题的基础上，更加自觉地融入国家对外开放大布局，落实好中央赋予广西的“三大定位”新使命，找准深度融入“一带一路”建设的主攻方向和着力点，形成参与建设的强大合力，确保建设有抓手、有特色、有成果、有实效，既为全国大局担当责任、多作贡献，又提升广西在国家开放发展中的战略地位。

同日 广西首个智能港口岸电系统在防城港投运，船舶靠港作业实现动力“油改电”。

12月29日 广西壮族自治区人民政府和贵州省人民政府联合举行的贵阳至南宁高速铁路开工现场会在都安瑶族自治县召开，宣布项目开工。贵南高铁是国家《中长期铁路网规划》中“八纵八横”高速铁路主通道包头至海口通道的重要组成路段，起于贵阳铁路枢纽龙里北站，经贵定、都匀、独山、荔波，至广西金城江、都安、马山、武鸣等站，终至南宁铁路枢纽南宁东站，全长约482公里，共设14个车站。该项目总投资757.6亿元，由中国铁路总公司、贵州省、广西壮族自治区共同出资建设。

二〇一七年

1月3日—6日 国务院扶贫办调研慰问组到凌云县开展调研慰问活动，并在百色召开东西部扶贫协作调研座谈会。

1月5日 自治区扶贫开发工作成效年终考核业务培训班在南宁举行，研究部署自治区对市、县2016年度扶贫开发工作成效考核工作，并就考核内容、评分标准、程序步骤等进行培训。

同日 自治区人民政府举行新闻发布会，宣布全面停止国有林场天然林商业性采伐。1月10日，自治区国有林场改革试点工作总结暨全面推进改革动员电视电话会议召开，提出2017年底前全面完成全自治区国有林场主体改革，2020年前全面完成配套改革任务。

1月5日—10日 中共中央办公厅、国务院办公厅联合督查组第八组对广西保障困难群众生产生活情况进行督查。7月11日—16日，国务院扶贫开发领导小组脱贫攻坚督查巡查组进驻广西，对广西2017年度脱贫攻坚工作情况开展督查；7月16日，在南宁召开反馈会。

1月8日 国家义务教育均衡发展督导评估检查组在广西召开反馈会，广西17个县（区）通过本次义务教育发展基本均衡县（区）的评估认定。

1月9日 2016年度国家科学技术奖励大会在北京人民大会堂举行。由广西大学作为第一完成单位完成的“造纸与发酵典型废水资源化和超低排放关键技术及应用”项目荣获国家科学技术进步奖二等奖，打破多年来广西作为第一完成单位未获得国家科技大奖的局面。

同日 人力资源和社会保障部表彰获第十三届“中华技能大奖”和被评为“全国技术能手”的人员，广西有5名高技能人才获表彰。

1月9日—20日 国家2016年省级党委和政府扶贫开发工作成效考核组和国家第三方评估组同时到广西，同步进行考核和评估。1月10日，国家2016年省级党委和政府扶贫开发工作成效省际交叉考核广西汇报会在南宁召开。1月11日—20日，国家第三方评估组分2批对桂平市、田东县、都安瑶族自治县、融水苗族自治县、陆川县、靖西市、环江毛南族自治县开展评估工作。

1月10日 自治区召开2017年度精准扶贫“一户一册一卡”工作视频培训会。

1月11日 三江侗族自治县林溪镇平岩村获评2016年度“中国十大最美乡村”，这是广西首个获此荣誉的乡村。

1月17日 柬埔寨吴哥航空A321客机从中国桂林两江国际机场首发柬埔寨暹粒，桂林与暹粒首次架起“空中桥梁”。

1月20日 国务院批复《北部湾城市群发展规划》。2018年1月5日，自治区人民政府印发《北部湾城市群发展规划广西实施方案》；5月9日，广东、广西、海南三省（自治区）人民政府签订《2018—2019年推进〈北部湾城市群发展规划〉实施合作重点工作协议》。

1月24日 自治区人民政府批复同意设立广西北部湾经济区龙港新区。

2月12日 中央第三巡视组向广西壮族自治区党委反馈巡视“回头看”情况。2月23日，自治区党委召开“回头看”反馈意见整改动员部署大会；3月8日，召开整改推进会议。

2月21日 国务院批复同意广西友谊关公路口岸扩大开放。7

月 30 日，友谊关口岸外国人落地签功能常态化。9 月 11 日，中越友谊关—友谊国际口岸货运专用通道通车仪式在广西友谊关口岸举行。

2 月 24 日—25 日　国家联合督导组到广西开展 H7N9 疫情防控工作督导，并在南宁召开疫情防控座谈会。

2 月 26 日　由中央网信办联合国务院扶贫办共同主办的“迎接党的十九大·脱贫攻坚看广西”网络主题活动在南宁启动。2 月 26 日—28 日，全国各地 40 余家网络媒体深入南宁市邕宁区和百色市右江区、田东县、田阳县等地，集中报道广西在精准扶贫、精准脱贫工作中发生的显著变化。

3 月 1 日《广西壮族自治区土地整治办法》施行。

3 月 10 日　自治区党委、政府印发《关于坚定不移推进农业供给侧结构性改革大力培育广西农业农村发展新动能的实施意见》，提出加强科技创新引领，加快结构调整步伐，加大农村改革力度，大力培育农业农村发展新动能，全面提升农业现代化水平。

3 月 15 日　“十三五”时期粤桂扶贫协作框架协议签署仪式在北京举行。10 月 15 日，广西壮族自治区人民政府、广东省人民政府联合印发《关于进一步加强粤桂扶贫协作工作意见的通知》。12 月 22 日，广西壮族自治区人民政府办公厅印发《粤桂扶贫协作优惠政策》。12 月 23 日，粤桂扶贫协作工作座谈会在广州召开，对接“十三五”时期粤桂扶贫协作框架协议和进一步加强粤桂扶贫协作工作意见实施等情况，共同谋划 2018 年粤桂扶贫协作工作。

3 月 20 日—21 日　自治区党委举办学习贯彻党的十八届六中全会精神专题研讨班。

3 月 22 日　自治区党委、政府批准实施《脱贫攻坚责任制实施细则》，提出按照自治区负总责、市县抓落实、乡村具体实施的工作机制，构建责任清晰、各负其责、合力攻坚的责任体系。

同日 梧州长洲水利枢纽三线四线船闸“互灌互泄”输水系统联调试验成功，标志该双线船闸省水运行模式投入运营，是世界最节能的大型船闸之一。

3 月 24 日 南宁市邕宁区等 4 个贫困县（市、区）成为广西 54 个贫困县中首批摘帽的贫困县。

3 月 28 日—29 日 滇桂黔石漠化片区区域发展与扶贫攻坚现场推进会在河池召开。

3 月 29 日 自治区人民政府批准实施《进一步调整精准脱贫摘帽标准及认定程序的通知》，强调要确保贫困户、贫困村信息在村、乡（镇）、县（市、区）三级扶贫信息系统完全对接，并在规定时间内与设区市和自治区扶贫大数据平台衔接，实行动态管理，建立完善贫困户、贫困村脱贫摘帽档案。

同日 2017 年自治区重大项目第一次联合审批活动在自治区政务中心举行。

4 月 6 日 自治区 2017 年脱贫攻坚推进大会暨业务培训会在南宁召开，确定年度脱贫攻坚的主要计划目标：全年全自治区贫困人口脱贫计划任务数 70 万人、奋斗目标数 100 万人，贫困村脱贫摘帽计划任务数 900 个、奋斗目标数 1100 个，贫困县脱贫摘帽计划任务数 6 个、奋斗目标数 8 个；确保 2014 年、2015 年、2016 年的脱贫人口稳定脱贫，已摘帽的贫困村和贫困县巩固脱贫成果，贫困发生率保持在 3% 以下；确保完成 48.4 万贫困人口易地扶贫搬迁任务。

4 月 19 日—21 日 习近平总书记到广西视察调研经济社会发展情况，要求广西要扎实推动经济持续健康发展、扎实推进现代特色农业建设、扎实推进民生建设和脱贫攻坚、扎实推进生态环境保护建设、扎实建设坚强有力的领导班子。4 月 24 日，自治区党委理论学习中心组召开学习习近平总书记视察广西重要讲话精神专题学习会。

4月25日，自治区党委发出通知，要求全自治区各级党组织和广大党员干部认真学习宣传贯彻习近平总书记视察广西重要讲话精神，全力以赴推进富民兴桂各项事业，谱写中华民族伟大复兴的中国梦的广西篇章。6月2日，自治区党委常委会会议审议《关于深入学习贯彻习近平总书记视察广西重要讲话精神的实施意见》。

4月24日 国务院办公厅印发《关于对2016年落实有关重大政策措施真抓实干成效明显地方予以表扬激励的通报》。广西作为在2016年扶贫开发工作成效考核中被认定为完成年度计划、减贫成效明显、综合评价好的省（自治区），获得通报表扬。

4月25日 自治区国有企业党的建设工作会议在南宁召开，强调各级党委和国有企业党组织要把党的领导融入公司治理各个环节。

4月26日 自治区党委、政府印发《关于推进健康广西建设的决定》《“健康广西2030”规划》。4月28日，自治区党委、政府召开自治区卫生与健康大会，全面贯彻全国卫生与健康大会精神和《“健康中国2030”规划纲要》。

同日 自治区扶贫开发领导小组印发《广西壮族自治区建档立卡扶贫对象动态管理办法（试行）》，提出及时采集更新建档立卡扶贫对象信息数据，建立精准扶贫台账，实行有进有出的动态管理。

4月27日 自治区投资和项目建设工作会议在贵港召开，动员部署加快投资和项目建设。

5月5日 桂林市被列入住房和城乡建设部公布的第二批生态修复、城市修补试点城市名单。

5月7日 广西出台全国首个建档立卡扶贫对象动态管理办法。6月12日，自治区建档立卡扶贫对象数据清洗整改工作会议在南宁召开。

5月12日 自治区扶贫开发领导小组召开2017年第一次全体会

议，强调要聚焦重点难点问题，着力抓好当前重点工作，强化扶贫的督查考核，加强扶贫资金的监管。

5 月 16 日 2017 年广西科学技术奖励大会在南宁举行。“桂西铝土矿地质与勘查”荣获广西科学技术特别贡献奖。会议强调，要着力打造九张创新名片，强化产业科技创新和成果转化，加强产学研用合作，促进新技术、新业态、新模式与第一、第二、第三产业融合发展。

5 月 17 日 自治区人民政府常务会议部署进一步降低工业企业成本工作，促进实体经济平稳增长；决定启动 2017 年自治区创新驱动发展专项资金第一批重大项目；通过《广西沿海铁路货运价格调整方案》。

5 月 25 日 自治区边贸扶贫现场推进会在东兴市召开。会议贯彻落实中央扶贫开发工作战略部署和《广西边贸扶贫实施方案》，总结推广边贸扶贫好的经验和做法，并部署下一阶段工作。“东兴模式”成为广西 8 个边境县（区、市）学习的样板。

5 月 25 日—26 日 自治区“基层工作加强年”暨培育和践行社会主义核心价值观现场交流会在柳州召开。

5 月 26 日 自治区举行创新驱动发展新成就新举措新闻发布会，宣布 2017—2020 年设立总规模为 50 亿元的创新驱动发展专项资金。

同日 第三批自治区主席院士顾问聘任仪式在南宁举行，聘请 51 名院士为自治区主席院士顾问，聘期为 2017—2019 年。

5 月 30 日 自治区党委、政府批准实施《关于全面推行河长制的实施意见》《全面推行河长制工作方案》。

6 月 1 日 自治区精准扶贫档案工作现场会在陆川县召开，强调全自治区各地务必把精准扶贫档案工作摆到更加突出的位置。

6 月 9 日 北海港口岸扩大开放通过国家验收，北海港口岸铁山港 1#、2# 泊位和液化天然气（LNG）码头开放。

6 月 18 日 广西启动 2017 年全国脱贫攻坚奖表彰人选推荐工作。

6 月 20 日 自治区第 3 期整县推进高标准基本农田土地整治重大工程建设工作部署会议在南宁召开。该工程涉及 8 个市 24 个县（市、区），总投资 25.5 亿元。

6 月 21 日 南宁高新区入选全国第二批大众创业、万众创新示范基地，为广西首个国家双创示范基地。

同日 广西首张全国互联互通金融交通卡“广西北部湾银行·桂民卡”发行。

6 月 25 日 自治区“禁绝毒品健康生活”禁毒宣传活动在柳州举行，同时举行广西禁毒基金会成立仪式、现场焚烧毒品和万人健步走活动。

6 月 26 日 自治区人民政府印发《统筹推进一流大学和一流学科建设实施方案》，提出广西高校“双一流”建设每 5 年为一个建设周期，通过持续重点支持，建设一批具有广西特色、国内同类一流、国际知名的高校和学科。

同日 自治区党代会选举 48 名代表出席中国共产党第十九次全国代表大会。

6 月 28 日 自治区党委常委会召开会议，传达学习中央《关于加强新形势下党的督促检查工作的意见》精神，研究贯彻落实措施。

7 月 1 日 《广西城乡居民基本医疗保险暂行办法》施行，原各地城镇居民基本医疗保险和新型农村合作医疗相关文件同时废止。

同日 《广西壮族自治区边防治安管理条例》《广西壮族自治区抗旱条例》施行。

7 月 4 日 自治区深度贫困地区脱贫攻坚座谈会在都安瑶族自治县召开。8 月 26 日—27 日，中组部在百色召开深度贫困地区抓党建促脱贫攻坚工作经验交流座谈会。9月28日，自治区深度贫困地区抓党建促脱贫攻坚工作经验交流座谈会在玉林召开。

7月7日 钦州市人民政府与上海华谊（集团）公司在钦州举行上海华谊钦州煤基多联产项目投资协议签约仪式，总投资180亿元，填补广西煤化工行业的空白。

7月10日 第六次广西妇女儿童工作会议在南宁召开。会议传达第六次全国妇女儿童工作会议精神，全面总结“十二五”以来广西实施妇女儿童发展规划情况，部署“十三五”妇女儿童发展规划实施工作。

同日 自治区人民政府批准实施《广西全民健身公共服务体系建设工作方案（2017—2020年）》，提出采取促进全民健身公共服务均等共享、创新全民健身公共服务供给内容和方式、完善公共体育设施网络、加强全民健身组织网络体系建设、广泛开展全民健身活动、加强全民健身服务队伍建设、健全全民健身公共服务项目、创新全民健身公共服务体制机制及建立健全全民健身公共服务标准体系等有效措施。

7月15日 自治区人民政府批准实施《关于改革完善自治区对县财政体制促进县域经济发展的实施意见》，提出实行自治区财政直管县和市管县分类管理体制，建立激励约束机制，激发县域经济发展活力。

7月26日—27日 深圳党政代表团到百色、河池考察调研对口扶贫协作工作。

同日 自治区“美丽广西·宜居乡村”服务惠民工作现场会暨业务培训会在东兴市举行。

7月1日《广西壮族自治区边防治安管理条例》施行。

8月7日 中新互联互通南向国际贸易物流通道建设磋商会在南

宁举行；8 月 31 日，渝桂黔陇四地政府签订关于合作共建中新互联互通项目南向通道的框架协议。

8 月 13 日 自治区党委、政府印发《广西生态文明体制改革实施方案》，提出到 2020 年，构建起由自然资源资产产权制度等 8 项制度构成、系统完整的广西特色生态文明制度体系。

8 月 18 日 《广西壮族自治区高层次人才认定办法（试行）》《广西壮族自治区引进海外人才工作实施办法》《广西青年创新创业人才培养计划实施方案》《广西壮族自治区八桂学者制度实施办法》《广西壮族自治区特聘专家制度实施办法》《广西壮族自治区优秀专家评选管理办法》印发。

8 月 23 日 自治区人民政府批准实施《广西"十三五"基本公共服务均等化规划》，提出到 2020 年，基本公共服务水平基本达到全国平均水平，基本公共服务均等化总体实现。

同日 自治区扶贫开发领导小组对 2015 年、2016 年连续两年考核结果为三等、2016 年考核结果为三等的 10 个贫困县党政正职领导进行集体约谈。

9 月 1 日 《广西壮族自治区实施〈中华人民共和国老年人权益保障法〉办法》施行。1990 年印发的《广西壮族自治区保护老年人合法权益的规定》同时废止。

同日 广西第一艘邮轮首航越南，标志着广西首次开通至东盟的跨国海上旅游航线并步入全国 6 个邮轮始发港行列。

9 月 6 日—7 日 第二十三次全国地方立法工作座谈会在南宁召开。

9 月 7 日 全国铁路旅游扶贫工作现场会在百色召开。

9 月 8 日 自治区党委、政府召开自治区领导干部会议，深入学习贯彻习近平总书记系列重要讲话特别是"7·26"重要讲话和视察广西重要讲话精神，全面落实中央各项决策部署，动员部署和督促推进做好广西经济社会发展各项工作任务。

同日 自治区人民政府印发《广西激发重点群体活力带动城乡居民增收实施方案》，提出要千方百计增加广西城乡居民收入。

9月10日 广西投资集团有限公司等6家广西企业上榜2017年中国企业500强。

9月13日 自治区人民政府批准实施《关于全面放开养老服务市场提升养老服务质量的实施意见》，提出到2020年，养老服务市场全面放开。

9月16日 中国首个糖业发展专项产业园区——广西·中国糖业产业园在崇左启动。

9月19日 自治区产业扶贫暨贫困村村级集体经济发展工作现场推进会在上林县召开。

同日 以“携手共建‘一带一路’，深化桂港务实合作”为主题的“一带一路”桂港合作论坛在南宁举行。

9月21日 自治区人民政府召开深化乡镇“四所合一”改革电视电话会议，要求把乡镇“四所合一”改革打造成具有广西特色的基层行政新体制，打通服务基层“最后一公里”。

同日 上林县被授予“国家生态文明建设示范县”荣誉称号，是广西第一个获此殊荣的县。

9月28日 自治区党委在南宁召集定点帮扶都安瑶族自治县脱贫攻坚工作的区直有关单位开会，进一步推进定点帮扶有关工作。

同日 中新互联互通南向通道海铁联运常态化班列（北部湾港—重庆）首发仪式在钦州港东站举行。南向通道是在中新（重庆）战略性互联互通示范项目框架下，以重庆为运营中心，以广西、贵州、甘肃为关键节点，中国西部相关省区市与新加坡等东盟国家通过区域联动、国际合作共同打造的，有机衔接“一带一路”的国际陆海贸易新通道。12 月 31 日，自治区人民政府办公厅印发《广西加快推进中新互联互通南向通道建设工作方案（2018—2020 年）》。2018 年 3 月 14 日，广西代表团在十三届全国人大一次会议上提交《关于加快建设中新互联互通南向通道的建议》；9 月 21 日，中新互联互通南向通道建设工作专题会在南宁召开，传达学习中央领导关于南向通道建设的指示精神，部署新形势、新任务下南向通道建设工作。

同日 2017 年广西参与“一带一路”建设重点项目之一——援建柬埔寨国家地质实验室项目在柬埔寨金边市正式开工。该项目是中国与柬埔寨在矿产资源勘查开发合作领域的标志性项目。

同日 “喜迎十九大——文化扶贫 · 爱心奉献”活动开幕式在南宁举行，募集到 1000 多万元善款捐赠给百色，助力革命老区脱贫攻坚。

9 月 全自治区确定 20 个深度贫困县、30 个深度贫困乡镇、1490 个深度贫困村。

10 月 9 日 自治区人民政府召开自治区法治政府建设工作推进会，明确了全自治区建成法治政府的任务书、路线图和时间表，确保 2020 年实现基本建成法治政府目标。

10 月 11 日 自治区扶贫开发工作成效考核专题会议在南宁召开。

同日 自治区脱贫攻坚综合大督查动员会在南宁召开。10 月 30 日，对大督查工作进行小结。

同日 广西农村电商精准扶贫经验交流电视电话会议在南宁召开，传达全国农村电子商务精准扶贫经验交流会议精神。

10 月 13 日 广西金融保险扶贫现场经验交流会在天等县召开。10 月 25 日，自治区研究金融扶贫有关问题专题会议在南宁召开。

10 月 26 日—27 日 柳州市国家级出口汽车及零部件质量安全

示范区通过国家质检总局考核验收组现场考核，该示范区成为广西第一个国家级出口工业产品质量安全示范区。

10月27日 自治区党委召开传达学习党的十九大精神大会，对学习宣传贯彻党的十九大精神作出全面部署。10月31日，自治区党委印发《中共广西壮族自治区委员会关于学习宣传贯彻党的十九大精神的通知》。11月10日，自治区党委十一届三次全会审议通过《中共广西壮族自治区委员会关于深入学习宣传贯彻党的十九大精神的决定》。11月27日，自治区党委在百色举办学习贯彻党的十九大精神专题研讨班。

10月29日—30日 国务院扶贫办在广西举办2017年度扶贫对象动态管理和信息采集培训班。

11月3日 自治区扶贫领域信访工作会议在田东县召开，要求进一步健全领导机构和完善工作机制，开辟绿色通道。

11月6日 自治区贫困户脱贫“双认定”工作动员暨脱贫攻坚大督查情况通报电视电话会议召开，强调要切实做好全自治区2017年贫困户脱贫“双认定”和脱贫攻坚大督查发现问题整改工作，确保完成年度脱贫攻坚任务。

11月10日 自治区人民政府批准实施《关于完善和落实支持政策促进农民持续增收的实施意见》，提出到2020年，实现农民人均收入比2010年翻一番。

11月15日 自治区党委召开巡视工作动员部署会议，安排部署对扶贫领域的机动式巡视。

11月16日 自治区推进为民办实事工程建设电视电话会议召开，要求综合施策，全力确保完成全年目标任务。

11月20日 自治区党委常委会会议审议通过《中共广西壮族自治区委员会关于坚决维护以习近平同志为核心的党中央权威和集中统

一领导的规定》和自治区党委《关于进一步贯彻落实中央八项规定精神的实施办法》。

11月23日 “广西龙胜龙脊梯田系统”在意大利罗马通过联合国粮农组织（FAO）评审，被认定为全球重要农业文化遗产（GIAHS）。

11月29日 自治区党委、政府在南宁举行纪念国务院颁布《壮文方案》60周年暨广西壮族自治区少数民族语文工作先进表彰大会。大会表彰了一批少数民族语文工作中表现突出的先进集体和个人，授予南宁市教育局等17个单位“广西壮族自治区少数民族语文工作先进集体”称号，授予54人“广西壮族自治区少数民族语文工作先进个人”称号。

12月1日 《广西壮族自治区实施〈中华人民共和国未成年人保护法〉办法》施行。

12月7日 自治区扶贫小额信贷推进工作电视电话会议在南宁召开。

同日 广西最大的燃气发电项目——华能桂林分布式能源项目进行商业运营。

12月11日 自治区党委、政府在横县召开自治区现代特色农业示范区建设增点扩面提质升级动员部署会。

12月12日 2017年市县扶贫成效考核“四合一”实地核查工作动员会暨业务培训会在南宁召开。2018年12月14日，2018年市县扶贫成效考核“四合一”实地核查工作动员会暨业务培训会在南宁召开。2019年12月18日，自治区2019年“四合一”考核发现问题整改工作电视电话会议在南宁召开。

12月13日 自治区2018年春节前保障农民工工资支付专项检查工作视频会议召开。

12月25日 自治区旅游发展委在南宁举行广西旅游产业运行大

数据平台正式上线运行启动仪式，标志着广西智慧旅游建设进入一个新的阶段。

12月27日 全国社会主义核心价值观主题微电影征集展示活动优秀作品发布，广西获评一等优秀作品、二等优秀作品、三等优秀作品各2个。

同日 南昆铁路南宁至百色段增建二线全线贯通，并首次并入全国路网，区间线路由“单”转“双”，年度运输能力提高至1.1亿吨。

12月29日 自治区召开研究促进服务业发展政策和服务业重大项目会议。

12月 自治区党委、政府批准实施《关于进一步把社会主义核心价值观融入广西法治建设的实施意见》。

本年 自治区党委印发关于贯彻《中共中央关于加快构建中国特色哲学社会科学的意见》的通知。

本年 自治区人民政府批准实施《广西贯彻落实〈“十三五”国家知识产权保护和运用规划〉任务分解表》。

本年 中央财政下达广西中央补助地方公共文化服务体系建设绩效奖励资金8125万元。

本年 广西地区生产总值17790.68亿元，按可比价格计算，比上一年增长7.1%。

二〇一八年

1月1日 《广西壮族自治区扶贫开发条例》施行，为广西加强扶贫开发工作，保障和促进贫困地区经济社会发展，尽快改变贫穷落后面貌提供了保障。

1月17日 广西首趟中欧班列驶往波兰，开辟了广西连接中亚、欧洲的国际陆海贸易新通道。

1月26日 自治区党委常委会会议传达学习习近平总书记关于政法工作重要指示精神和中央政法工作会议、全国扫黑除恶专项斗争电视电话会议重要精神，研究贯彻落实措施。2月6日，自治区扫黑除恶专项斗争动员部署会议召开，全面启动扫黑除恶专项斗争工作。截至2020年11月，全自治区共通报曝光典型案例235批389起，问责工作推动不力、失职失责公职人员721人，其中党纪政务处分534人。2021年，自治区集中开展信息网络、自然资源、交通运输、工程建设四大行业领域专项整治。

2月6日 自治区人民政府批准实施《广西贯彻落实〈国务院关于强化实施创新驱动发展战略进一步推进大众创业万众创新深入发展的意见〉的实施方案》，提出加快科技成果转化、拓展企业融资渠道、促进实体经济转型升级、完善人才流动激励机制、创新政府管理方式等工作任务要求，进一步释放全社会创新创业潜能，在更大范围、更高层次、更大程度上推进大众创业、万众创新。

2月7日 自治区党委全面深化改革领导小组召开第八次全体会

议，传达学习中央全面深化改革领导小组第二次会议精神，审议通过《关于贯彻落实党的十九大精神加大力度推进全面深化改革工作的实施意见》等系列文件。

2月13日 自治区党委常委会会议传达学习习近平总书记在打好精准脱贫攻坚战座谈会上的重要讲话精神，研究贯彻落实措施，要求始终坚持精准扶贫、精准脱贫基本方略，把提高脱贫质量放在首位，扎扎实实推进各项工作。

2月26日 自治区海洋和渔业工作会议召开，强调要按照党的十九大对新时代海洋和渔业工作部署要求，大力发展向海经济，加强海洋生态环境保护，深化海洋领域开放合作，实施广西渔村振兴战略，开创广西海洋和渔业工作新局面。

2月27日 自治区环境保护工作会议在南宁召开，对生态环保相关工作作具体部署，明确实施“大调研”“大帮扶”“大培训”“大督查”“大宣传”等五大活动，坚决打好污染防治攻坚战，进一步擦亮广西“山清水秀生态美”的金字招牌。

同日 《广西壮族自治区建筑工程安全生产管理办法》《广西壮族自治区行政规范性文件制定程序规定》《广西壮族自治区退役士兵安置办法》施行。

3月9日 自治区扶贫开发领导小组召开自治区2018年“一户一册一卡”工作视频会，对推进广西帮扶贫困户、联系贫困生工作进行部署，对规范贫困户精准帮扶手册、精准帮扶联系卡填写等工作进行培训。

3月21日 自治区人民政府批准实施《广西推进普惠金融发展实施方案》，提出到2020年，建立与全面建成小康社会相适应的普惠金融服务和保障体系，让普惠金融重点服务对象及时获取价格合理、便捷安全的金融服务。

3 月 23 日 国务院扶贫办在上林县召开全国贫困村创业致富带头人工作现场会，探讨培育贫困村创业致富带头人、带动产业发展推动脱贫攻坚的好方法、好路子。“上林经验”引起全国各地与会代表广泛关注。

同日 国务院新闻办召开国家可持续发展议程创新示范区建设新闻发布会。桂林成为首批国家可持续发展议程创新示范区。

4 月 2 日 广西在全国率先推出不动产登记“24 小时不打烊”全自助登记办证服务模式。6 月 28 日，广西不动产登记“最多跑一次”网上服务平台上线运行。9 月 17 日，广西颁发了全国第一本不动产权电子证书。2019 年 2 月—6 月底，广西开展不动产登记“百日攻坚”行动，率先在全国实现一般登记“一个工作日办结”。

4 月 5 日 自治区人民政府印发《关于贯彻落实新一代人工智能发展规划的实施意见》，提出提升人工智能科技创新和应用能力、加快推进人工智能产业化、广泛开展人工智能应用与示范、加强人工智能领域军民融合、加强网络通信基础设施建设、实施一批人工智能重大科技项目。

4 月 8 日 自治区人民政府批复同意蒙山县、上思县、兴业县、百色市右江区、贺州市八步区、南丹县 6 个贫困县（区）2017 年脱贫摘帽；8 月 4 日，批复同意龙州县 2017 年脱贫摘帽。

4 月 15 日 2016—2017 年度“美丽广西”乡村建设（扶贫）工作队工作总结表彰暨新选派队员动员会在南宁召开。4 月 26 日，“美丽广西”乡村建设活动现场推进会在崇左召开。

同日 自治区人民政府批准实施《关于加快推进农业供给侧结构性改革大力发展粮食产业经济切实保障粮食安全的实施意见》，提出到 2020 年，确保全自治区耕地面积保持稳定，永久基本农田得到有效保护，现有耕地质量不下降；有序推进现代粮食市场体系建设，建成广西（中国—东盟）粮食物流园区等。

4月16日 自治区党委十一届四次全会审议通过《中共广西壮族自治区委员会关于实施乡村振兴战略的决定》，提出到2020年，乡村振兴取得重要进展，制度框架和政策体系基本形成；到2035年，乡村振兴取得决定性进展，农业农村现代化基本实现；到2050年，乡村全面振兴，与全国同步实现农业强、农村美、农民富。

4月19日 国家发展改革委、农业农村部联合印发《全国沿海渔港建设规划（2018—2025年）》，将广西北部湾沿海渔港群列入全国规划建设的十大沿海渔港群，重点打造北海、南澫、钦州、防城港4个渔港经济区，并在提升渔港防灾减灾能力的基础上，带动北部湾沿海第一、第二、第三产业融合发展，把渔业培育成为沿海经济发展新的增长极。

4月26日 自治区党委常委会会议传达学习贯彻习近平总书记在全国网络安全和信息化工作会议上的讲话和关于安全生产的重要指示精神，研究部署广西相关工作。

4月27日 自治区党委、政府召开自治区2018年脱贫攻坚推进大会，强调要切实增强责任感使命感，进一步坚定信心决心，不折不扣地把中央关于脱贫攻坚的重大决策部署落实好，坚决打赢打好精准脱贫攻坚战。

同日 自治区人民政府印发《广西壮族自治区海洋主体功能区规划》，规划范围为依法管理的近岸海域和涠洲岛—斜阳岛周边海域，以及629个无居民海岛，总面积约7000平方公里。

4月27日—28日 自治区2018年脱贫攻坚推进大会暨业务培训会在南宁召开，部署2018年度脱贫攻坚工作，对有关政策措施进行解读。

4月28日 国务院办公厅印发《关于对2017年落实有关重大政

策措施真抓实干成效明显地方予以督查激励的通报》，广西被认定为完成年度计划、减贫成效显著、综合评价好的省（自治区），获通报表扬。

5月6日—8日 广西党政代表团赴广东省广州、深圳考察，其间在广州召开粤桂合作交流暨扶贫协作第三次联席会议，签订2018年粤桂扶贫协作重点工作备忘录，广西壮族自治区人民政府与华为技术有限公司签订战略合作框架协议。7月13日—14日，广东省党政代表团来广西考察并出席在南宁举行的粤桂扶贫协作工作座谈会，提出做实携手奔小康行动，扎实推进粤桂扶贫协作各项工作取得新成效。7月30日，广东、广西两省（自治区）在天等县召开2018年粤桂扶贫协作工作推进会。

5月9日 自治区人民政府召开第二次全国污染源普查动员视频会议，全面启动普查工作。2021年1月15日，《广西壮族自治区第二次全国污染源普查公报》发布，与2007年第一次全国污染源普查相比，广西污染治理能力明显提升。此次普查摸清了广西各类污染源的数量、行业和地区分布状况，以及主要污染物产生、排放和处理情况，建立了重点污染源档案和污染源信息数据库。

5月10日 自治区人民政府批准实施《乡村振兴产业发展基础设施公共服务能力提升三年行动计划（2018—2020年）》，要求全自治区围绕乡村振兴产业发展、基础设施和公共服务能力提升等项目，积极筹措建设资金，加快推进项目实施，力争到2020年实现项目累计投资3900亿元以上的目标。

5月11日 广西下放增减挂钩项目立项审批权限，实现了增减挂钩省级“零审批”。同时，允许预支节余指标，通过组织交易筹措易地扶贫搬迁资金，激活了农村发展的“一池春水”，得到自然资源部的肯定和表扬。2018年，全自治区共批复增减挂钩项目立项638个，实施规模 27.3 万亩；争取国家年度跨省调剂增减挂钩节余指标约 1.33 万亩，可获调剂资金约 39.9 亿元，为脱贫攻坚和乡村振兴提供了有力的资金支持。

5 月 13 日 广西获中央预算内基本建设投资资金 13.6 亿元，将其用于提升县级综合医院、中医民族医院、妇幼保健院、疾病预防控制中心、中心血站服务能力，惠及南宁上林县、柳州鹿寨县等多地的医院。

5 月 15 日 自治区产业扶贫现场推进会在都安瑶族自治县召开，总结 2017 年以来全自治区产业扶贫开展情况，分析当前形势，研究部署 2018 年工作。

5 月 18 日 钦州港至昆明双向班列对开启动。

5 月 21 日 广西壮族自治区人民政府与中国平安保险（集团）股份有限公司签订“三村工程”扶贫战略框架协议书，通过“村官、村医和村教”的资源导入，助力广西脱贫攻坚。

5 月 24 日 以“打造国际陆海贸易新通道，共建中国—东盟命运共同体”为主题的第十届泛北部湾经济合作论坛暨第二届中国—中南半岛经济走廊发展论坛在南宁举行。

5 月 25 日 广西脱贫攻坚先进事迹情景报告会在自治区党委礼堂举行，提出要大力宣传先进典型的事迹，激励引导全自治区干部群众向先进看齐、向榜样学习，要更加关心爱护基层一线扶贫干部。

5 月 27 日 自治区人民政府印发《关于优化土地要素供给的若干措施》，从支持企业盘活存量建设用地，创新土地供应政策，改进用地、用海、用林审批 3 个方面，提出优化土地要素供给的 20 条措施，全力优化营商环境推动工业高质量发展。6 月—12 月底，各地通过实行分期缴纳土地出让金等政策，为企业降低用地成本 3.14 亿元。

5 月 28 日 自治区党委、政府召开自治区工业高质量发展大会，强调进一步解放思想、开拓创新，深化改革、扩大开放，坚持新发展理念，主动对表高质量发展要求，加快新旧动能转换，全面开启广西工业高质量发展新征程。7月上旬，自治区党委、政府印发《关于推动工业高质量发展的决定》和《广西工业高质量发展行动计划（2018—2020年）》。

5月29日 自治区党委、政府召开自治区深化改革优化营商环境大会，提出要按照“一年重点突破、两年全面提升、三年争创一流”的目标要求，着力打造营商环境新优势。6月1日，自治区人民政府召开广西深化改革优化营商环境新闻发布会，发布《关于进一步深化改革创新优化营商环境的若干意见》及13个配套文件。至此，广西已基本形成由1个主文件、14个配套文件组成的优化营商环境政策文件体系。

5月29日—30日 自治区党委召开自治区网络安全和信息化工作会议。会前，印发《广西壮族自治区关于贯彻落实〈网络强国战略实施纲要〉的实施方案》《广西壮族自治区党委（党组）网络安全工作责任制实施办法》。

5月30日 自治区人民政府批准实施《广西推广支持创新相关改革举措的实施细则》，提出缓解企业融资难题、统筹使用全自治区事业单位编制、推进办税便利化等方面改革措施和责任要求。

5月31日 自治区人民政府召开自治区企业上市（挂牌）“三大工程”（实施培育工程、上市攻坚工程、质量提升工程）启动会，提出依托多层次资本市场扩大直接融资，形成多元化融资渠道，为全自治区经济高质量发展提供强力支撑。

5月 农业农村部向社会推介100个全国农村创业创新典型县范例，广西的荔浦县、昭平县、河池市宜州区、横县、灵山县、融水苗族自治县6个县（自治县、区）榜上有名。

6月7日 中央第五环境保护督察组对广西壮族自治区开展“回头看”工作动员会在南宁召开。6月10日—11日，自治区领导对督察组赴钦州、百色、北海发现的问题作出批示，要求对发现的问题立查立改。6月11日，自治区党委召开常委专题会议，要求坚决抓好整改，对全自治区进行地毯式的再检查、再清理，并启动问责程序，依法依规对有关责任人进行严肃处理。9月19日，自治区人民政府召开自治区中央环境保护督察问题整改暨污染防治攻坚工作推进会，通报广西中央环境保护督察问题整改情况、集中式饮用水水源地环境保护专项行动情况以及大气污染防治攻坚形势，并对下一步全面加快推进这3个方面工作进行全面部署。

同日 自治区非公有制经济工作领导小组会议在南宁召开，审议通过《关于进一步促进非公有制经济健康发展和非公有制经济人士健康成长的意见》《广西非公有制强优企业培育和非公有制经济代表人士培养计划（2018—2020年）》。

6月12日 自治区人民政府在钦州召开自治区重大项目建设现场会，提出要深入贯彻落实自治区工业高质量发展大会、深化改革优化营商环境大会精神，加快推进重大项目建设步伐，促进全自治区经济高质量发展。

6月14日 自治区党委、政府批准实施《广西壮族自治区生态环境损害赔偿制度改革实施方案》，提出进一步细化赔偿的具体情形，明确自治区、设区市两级政府管辖范围，规定赔偿范围、赔偿义务人、赔偿权利人以及整个工作的流程。

6月17日 广西印发《广西第三次土地调查实施方案》《广西第三次土地调查城镇内部土地利用现状调查实施方案》，这标志着广西全面启动第三次土地调查工作。

6月20日—22日 自治区“推普脱贫乡村行”活动启动，先后走进来宾市忻城县、百色市隆林各族自治县的贫困村。

6 月 28 日 广西乡村振兴产业发展基础设施公共服务能力提升三年行动计划新闻发布会在南宁举行，宣布从 2018 年起，三年行动计划建设项目 27285 个，总投资超 3900 亿元。

6 月 广西全面建立河长制、湖长制。2021 年 6 月，自治区党委、政府批准实施《关于全面推行林长制的实施意见》。

7 月 1 日 广西城乡居民医保新规《关于进一步做好广西城乡居民基本医疗保险有关工作的通知》施行，进一步完善了广西城乡居民基本医疗保险制度。

7 月 9 日 国务院扶贫办在南宁召开贫困村创业致富带头人信息建设研讨会，同时召开广西贫困村创业致富带头人信息建设研讨会。

7 月 11 日 自治区深化"放管服"改革转变政府职能暨 2018 年国务院大督查全自治区自查迎检工作动员部署电视电话会议在南宁召开，贯彻落实全国深化"放管服"改革转变政府职能电视电话会议精神，部署 2018 年国务院大督查迎检工作。

7 月 20 日 自治区党委、政府印发《广西乡村振兴战略规划（2018—2022 年）》，提出实施特色农业强优、生态环境优化、文化繁荣兴盛、治理能力提升、脱贫惠民富民、体制机制创新"六大工程"和强化组织、政策、金融、人才、法制、规划"六大保障"。

7 月 21 日 自治区党委、政府印发《广西壮族自治区全面加强生态环境保护坚决打好污染防治攻坚战的实施意见》，提出到 2020 年，生态环境质量总体改善，主要污染物排放总量大幅减少，环境风险得到有效管控，生态环境保护水平同全面建成小康社会目标相适应。

7 月 23 日 自治区年中工作会议暨县域经济发展、乡村振兴推进大会在南宁召开，提出要加快构建"南向、北联、东融、西合"全方位开放发展格局，更好地盘活开放这一盘棋。

7月24日 自治区2018年计划脱贫摘帽贫困县工作交流会在南宁召开。12月26日，14个计划脱贫摘帽县开展协调推进工作情况反馈会议召开。

同日 自治区党委、政府召开自治区生态环境保护大会，强调要坚决打好污染防治攻坚战，大力推进生态文明建设和生态环境保护，坚定不移走具有广西特色的绿色发展道路。

8月10日 自治区人民政府批准实施《广西先进装备制造城（玉林）五年行动计划（2018—2022年）》，提出通过体制创新、技术创新、管理创新，培育核心竞争力，形成集内燃机产业、新能源汽车产业、智能制造产业、军民融合产业、金融商贸物流产业五大板块为一体的产业基地，打造以广西玉柴机器集团有限公司为龙头的千亿产业集群，推动全自治区机械工业高质量发展。

8月14日 灵渠被列入世界灌溉工程遗产名录，成为广西首个世界灌溉工程遗产。

8月23日 国家发展改革委和广西、贵州、云南三省（自治区）人民政府及南方电网公司在广西百色召开左右江革命老区振兴规划实施联席会议，强调要进一步用好《左右江革命老区振兴规划（2015—2025年）》的支持政策，深化三省（自治区）在重点领域的合作，共同推进革命老区振兴发展。

8月24日 自治区人民政府批准实施《广西高速公路网规划修编（2018—2030年）》，明确到规划期末，建成“互联多区、汇聚核心、外通内畅、衔接充分、布局平衡、可靠高效”的高速公路网，高速公路建设发展以率先实现“交通强区”为指向，全面落实“三大定位”新使命，实施国家战略，适应广西2035年基本同步实现社会主义现代化对高速公路的要求，有力地支撑广西经济社会发展。

8月30日 自治区党委、政府在南宁召开数字广西建设大会，提出要深入贯彻落实习近平总书记对广西工作的重要指示精神，动员全自治区上下实施大数据战略，建设数字广西，打造面向东盟开放合作的数字新高地、数字丝路的重要门户，加快培育形成数字经济新动能，为高质量发展提供有力支撑。9月4日，自治区人民政府新闻办举行推进数字广西建设新闻发布会，介绍自治区党委、政府印发的“1+13”系列文件主要内容。9月11日，广西壮族自治区人民政府与中国电信集团有限公司在南宁签订战略合作协议，携手推进数字广西建设。

8月31日 自治区人民政府常务会议听取全自治区棚户区改造建设情况汇报，确定2018—2020年棚改三年计划；研究自治区优化营商环境大行动三年实施方案，更大力度激发市场活力和社会创造力。

9月1日 全自治区所有的户籍派出所和户政办证大厅全面开展港澳台居民居住证受理业务。全国首张台湾居民居住证在南宁制发。

9月3日—4日 自治区党委、政府在柳州召开推进柳州市工业高质量发展、建设现代制造城现场会，提出要全力推动柳州早日建成万亿元工业强市，助推全自治区经济高质量发展。

9月4日 广东、广西推进珠江—西江经济带发展规划实施联席会议第五次会议在广州召开。广西壮族自治区人民政府与深圳市人民政府签订支持河池市加快推进深圳巴马大健康合作特别试验区战略合作框架协议，该项目是两省（自治区）推进落实粤桂扶贫协作共识的重要举措，也是粤桂探索以“飞地经济”形式开展扶贫产业协作的有益尝试。

9月10日 中国爱店—越南峙马双边性口岸正式开通仪式在宁明县举行。早在100多年前，中国爱店—越南峙马口岸就已成为中越两国经贸往来的重要口岸，为两国交流合作发挥了桥梁纽带作用。此次中国爱店—越南峙马双边性口岸正式开通运营，为促进两国各领域合作实现更大发展发挥了积极的作用。

9月13日 以“深化产能合作 促进共同发展”为主题的澜沧江—湄公河国家产能与投资合作论坛在南宁召开。出席论坛的自治区领导表示广西将以《澜沧江—湄公河合作五年行动计划》为指导，以更广阔的视野、更高的层次、更大的力度参与“澜湄合作”，实现互利共赢。

9月14日 自治区人民政府批准实施《关于加强易地扶贫搬迁户在迁出地耕地林地管理利用工作的指导意见》，提出要确保搬迁户依法享有的耕地林地惠农政策不变、权益不受损、收入来源更广泛、增收基础更扎实、生活保障更有力。

9月15日 广西首座综合性现代化国际民族医院——广西国际壮医医院正式对外开业。自治区党委、政府高度重视壮、瑶民族医药事业的传承发展，决定在原广西民族医药研究所的基础上，在南宁五象新区新建广西国际壮医医院，并将其列为自治区成立60周年的重大公益性民生工程，由中央及地方财政直接投资15.56亿元一次性建成。

9月19日 广西壮族自治区人民政府与四川省人民政府在成都签订深化川桂合作共同推进南向开放通道建设框架协议。

9月20日 以“庆祝丰收、弘扬文化、振兴乡村”为主题的广西首届“中国农民丰收节”启动仪式暨百色系列欢庆活动在百色举行。

同日 经自治区党委、政府同意，6家自治区直辖企业实施广西有史以来规模最大的一次战略性重组。广西铁路投资集团有限公司整体并入广西交通投资集团有限公司，组建新的广西交通投资集团有限公司；广西新发展交通集团有限公司整体并入广西北部湾投资集团有限公司，组建新的广西北部湾投资集团有限公司；广西西江开发投资集团有限公司整体并入广西北部湾国际港务集团有限公司，组建新的广西北部湾国际港务集团有限公司。

9月23日 广深港高铁香港段开通运营，广西桂林与香港实现动车“一乘直达”，桂林成为广西唯一可乘高铁直达香港的城市。

9月25日 自治区党委常委会会议传达学习全国教育大会精神和中央领导关于广西工作指示精神，研究贯彻落实措施。

9月30日 《广西壮族自治区人民代表大会常务委员会关于加强民族团结进步创建活动的决定》施行，明确每年农历三月定为自治区“民族团结进步宣传月”，全面实施乡村振兴战略，大力推进脱贫攻坚，加快少数民族和少数民族聚居区经济社会发展。

10月1日 广西玉柴机器股份有限公司K08机型柴油机正式通过按照重型车国六排放标准执行的系列认证试验，这是国内第一款通过国家排放试验的国六发动机，证明国内燃机自主研发、制造技术已达到世界领先水平。

10月11日 自治区移民工作管理局公布，2016—2018年全自治区共计划搬迁建档立卡贫困户人口70万人。截至9月30日，已搬迁入住64.61万人，搬迁入住率为92.3%。

同日 《关于进一步做好建档立卡贫困人口医疗费用“一站式”结算工作的通知》印发实施。至2019年11月，广西县域内定点医疗机构100%实现“一站式”直接结算功能，实现自治区—市—县—乡（镇）—村（社区）五级异地就医直接结算“一卡通”。广西建档立卡贫困人口基本实现参保全覆盖，建档立卡贫困人口办理门诊特殊慢性病卡人数45.07万人。自2020年1月1日起，广西全面推进生育保险和职工基本医疗保险合并实施。

10月12日 自治区党委常委会会议学习习近平总书记关于巡视工作的论述和党章等有关党内法规，传达十九届中央第二轮巡视工作动员部署会精神，研究部署配合中央脱贫攻坚专项巡视的有关安排和自治区巡视发现扶贫领域存在问题的整改工作。

10月12日—13日 自治区党委、政府重点扶持、作为庆祝改革开放40周年、广西壮族自治区成立60周年的文艺精品项目，大型原创民族舞剧《花界人间》在广西文化艺术中心首演。该剧是广西贯彻落实习近平总书记在文艺工作座谈会上的重要讲话精神，推进民族文化强区建设的最新成果。

10月14日 富航358船从长洲4号船闸出闸完毕。长洲船闸过货量突破亿吨，达到1.0008亿吨，标志着西江黄金水道首座“亿吨船闸”诞生。

10月17日 自治区党委、政府发出《致广西父老乡亲的一封信——写在我国第5个“扶贫日”》，指出自治区党委、政府深入学习贯彻习近平总书记关于扶贫工作的重要论述，全面落实中共中央、国务院重大决策部署，把脱贫攻坚作为最大的政治责任和第一民生工程，选派3.5万名干部驻村开展帮扶，组织52.3万名干部结对帮扶贫困户；2012—2017年全自治区累计减少贫困人口704万人，在2016年、2017年省级扶贫开发工作成效考核中，广西连续两年被评为全国8个综合评价“好”的省区之一，朝着与全国同步全面建成小康社会迈进了一大步。

同日 2018年广西扶贫日活动启动会在南宁举行，总结交流近年来社会扶贫工作经验，部署2018年扶贫日活动，进一步凝聚社会力量，加快广西脱贫攻坚进程。

同日 自治区打赢脱贫攻坚战三年行动电视电话会议在南宁召开，贯彻落实中央关于打赢脱贫攻坚战三年行动指导意见和自治区实施意见精神，部署推进2018—2020年脱贫攻坚工作。会议提出，要集中力量推进深度贫困地区脱贫攻坚，强化教育医疗住房“三保障”，全面打好脱贫攻坚“五场硬战”，抓好脱贫攻坚“五大专项行动”，突出问题导向抓好“四大专项治理”。

同日 国务院扶贫开发领导小组公布2018年全国脱贫攻坚奖和组织攻坚奖，广西的莫文珍、何方礼、梁丽娜、黄定寿、潘健章等5人和上林县榜上有名。

10月18日 中央第二巡视组对广西开展脱贫攻坚专项巡视工作动员会召开。2019年2月19日，自治区党委在南宁召开中央第二巡视组对广西开展脱贫攻坚专项巡视反馈意见整改动员部署大会；4月9日，中央第二巡视组脱贫攻坚专项巡视反馈意见广西整改工作领导小组召开会议，听取广西巡视整改工作情况汇报，研究部署下一步工作，确保如期高质量完成整改任务；12月25日，中央第二巡视组对广西开展脱贫攻坚专项巡视“回头看”，中央第二巡视组与脱贫攻坚成效省际交叉考核工作组同步进驻广西开展工作。2020年4月3日，自治区党委、政府召开中央脱贫攻坚专项巡视“回头看”暨国家脱贫攻坚成效考核反馈广西意见整改工作电视电话会议，通报中央脱贫攻坚专项巡视“回头看”和国家脱贫攻坚成效考核反馈意见，提出要深入学习贯彻习近平总书记重要讲话精神，以高质量整改确保高质量打赢脱贫攻坚战；6月9日，自治区党委常委会会议暨中央脱贫攻坚专项巡视“回头看”和国家脱贫攻坚成效考核反馈广西意见整改工作领导小组会议召开，研究加快推进决战决胜脱贫攻坚工作。

10月21日 自治区人民政府批准实施《关于促进贫困地区农产品产销对接的实施意见》，提出构建全方位长期稳定的产销对接机制，充分发挥产销对接在产业扶贫中的重要作用，促进广西贫困地区农产品销售，加快贫困群众脱贫致富步伐。

10 月 22 日　自治区党委、政府批准实施《广西壮族自治区设区市党委和政府扶贫开发工作成效考核办法》《广西壮族自治区县级党委和政府扶贫开发工作成效考核办法》。

10 月 23 日　国务院办公厅发出通报，对国务院第五次大督查发现的 130 项典型经验做法给予表扬，广西平果县创新采矿临时用地制度、有效保护耕地的典型经验得到肯定和推广应用。此前，广西平果县采矿临时用地制度创新示范点被评选为全国首批 13 个国土资源节约集约“四个创新”示范点之一。

10 月 24 日　自治区党委召开自治区机构改革动员部署电视电话会议，提出要齐心协力高质量抓好机构改革，加快提升广西治理体系和治理能力现代化水平。

同日　自治区党委、政府印发《关于打赢脱贫攻坚战三年行动的实施意见》，提出到 2020 年，巩固脱贫成果，确保现行标准下全自治区农村贫困人口全部脱贫，贫困村和贫困县全部摘帽。

10 月 26 日　国务院扶贫办主办的 2018 年全国脱贫攻坚先进事迹巡回报告会在田阳县举行。

10 月 27 日　自治区人民政府批准实施《广西深度贫困县（市）城乡建设用地增减挂钩节余指标跨省域调剂实施细则》，对调出计划的编报和下达、调剂资金的下达和使用管理、拆旧复垦的实施和监管等作出了规定。

10 月　经中共中央、国务院批准，《广西壮族自治区机构改革方案》发布。12 月，市、县机构改革方案报自治区党委审批。2019 年 3 月，机构改革基本完成；8 月 27 日，自治区机构改革总结会议在南宁召开，要求全自治区各级各部门要从政治和全局的高度，持续发力破解制约广西发展的体制机制障碍，不断巩固和深化机构改革成果。

同月　全自治区贫困村宽带网络覆盖率达到 99.6%，超出目标值

9.6个百分点，提前2年完成“十三五”规划目标任务。

11月1日 庆祝改革开放40周年和广西壮族自治区成立60周年文化艺术作品展在北京民族文化宫展览馆开展。自治区成立60年来特别是党的十八大以来，广西广大文艺工作者坚持以习近平新时代中国特色社会主义思想为指导，聚焦60年来八桂大地的巨大变化和全自治区各族人民的伟大实践，创作了一大批具有中国气派、彰显桂风壮韵的文艺精品，打响了文学桂军、八桂书风、漓江画派等特色品牌，充分发挥了举精神之旗、立精神支柱、建精神家园的重要作用。

同日 庆祝改革开放40周年、广西壮族自治区成立60周年交响音乐会在国家大剧院音乐厅奏响。作为自治区成立60周年文艺精品项目，整场音乐会通过独具广西文化特色的民族乐器与广西少数民族特有的混声合唱相互交织演绎的方式，奏响了60年来广西民族团结和睦、人民安居乐业的和谐之音，令现场观众沉醉其中。

11月5日 自治区召开2018年度贫困户和贫困村脱贫摘帽认定工作动员部署电视电话会议，提出要准确把握贫困户、贫困村脱贫摘帽认定标准，全力做好2018年度脱贫摘帽认定工作。

11月8日 自治区扶贫小额信贷工作电视电话会议召开，提出要坚持推进放贷与防范风险两手抓，按照“能放尽放、应收尽收、应续尽续”的原则，充分释放扶贫小额信贷政策红利。

11月9日 自治区人民政府印发《广西全面推行“证照分离”改革实施方案》，提出逐步减少涉企行政审批事项，进一步优化营商环境，推动广西经济高质量发展。

11月19日 自治区人民政府印发《广西科技创新支撑产业高质量发展三年行动方案（2018—2020年）》。11月29日，自治区党委、政府在南宁召开自治区创新支撑产业高质量发展推进大会，决定从

2018年开始至2020年，深入开展科技创新支撑产业高质量发展行动，着力实施“三百二千”（突破100项以上重大技术、创建100个以上国家级创新平台、引育100个以上高层次创新人才和团队；新增1000家以上高新技术企业、转化1000项以上重大科技成果）科技创新工程。2020年，广西全面完成“三百二千”科技创新工程目标任务。

11月22日 自治区党委召开广西民营企业座谈会，强调要以更实的举措破除发展障碍，着力降低企业要素成本，不折不扣落实好国家关于减轻企业税费负担的“规定动作”，持续完善和落实好自治区的“自选动作”，打好降成本“组合拳”，让民营企业轻装上阵、加快发展。

同日 自治区工业高质量发展银企对接洽谈会在南宁启动，63家金融机构现场搭台、2000多家工业企业参与洽谈。

11月23日 中国贸促会和广西壮族自治区人民政府联合主办的2018中国企业跨国投资研讨会在南宁开幕。

11月25日 自治区人民政府批准实施《进一步深化“互联网+政务服务”推进政务服务“一网、一门、一次”改革专项行动实施方案》。11月28日，自治区人民政府印发《广西数字政务一体化平台建设方案》，提出到2020年底前，广西数字政务一体化平台功能进一步强化，标准规范体系、安全保障体系和运营管理体系不断完善，基本实现“一网通办”“一事通办”。

11月26日 凭祥铁路口岸物流中心开通启用，成为广西首个口岸性质的铁路物流中心，也是国际陆海贸易新通道开通的首个陆运铁路口岸物流中心。

11月27日 自治区党委常委会会议审议通过《广西壮族自治区党内法规制度制定工作五年规划（2018—2022年）》《关于加强新时代人民政协党的建设工作的实施意见》。

11 月 28 日　自治区召开第八次民族团结进步表彰大会，表彰在民族团结进步事业中作出突出贡献的 200 个模范集体和 299 名模范个人，提出要持续推进民族团结进步模范区建设，奋力谱写新时代广西民族团结进步事业新篇章。

11 月 30 日　自治区冬春农田水利基本建设暨大石山区农村饮水安全巩固提升工程建设大会战动员电视电话会议召开。

同日　自治区党委全面深化改革委员会办公室揭牌成立。12 月 29 日，自治区党委全面深化改革委员会第一次会议召开，深入学习贯彻习近平总书记在庆祝改革开放 40 周年大会和中央全面深化改革委员会第五次会议上的重要讲话精神。

同日　广西实施兴边富民行动新闻发布会在南宁举行。2017 年，百色、崇左、防城港等边境三市共完成地区生产总值 2286.58 亿元，相比 2012 年增长 49.4%，占全自治区总量的 12.9%；其中防城港市人均国内生产总值、财政收入、城镇居民收入增速多年排广西第一名。2015 年精准扶贫工作开展以来至 2017 年底，边境 8 个县（市、区）累计脱贫 27.35 万人，贫困发生率大幅度降低。国家级贫困县龙州县贫困发生率由 2015 年底的 23.73% 下降到 2017 年底的 1.76%，2018 年 2 月，龙州县被确定脱贫摘帽，成为全自治区 2017 年度唯一一个脱贫摘帽的国定贫困县。

12 月 3 日　自治区人民政府批准实施《广西实施商标品牌强桂战略三年行动计划（2018—2020 年）》，提出用 3 年时间，着力构建“政府主导、部门主推、企业主创、行业促进、社会参与”格局，推动广西品牌建设向更高层次、更深程度、更高质量发展。

12 月 8 日　广西大学举行建校 90 周年庆祝大会。1928 年成立的广西大学是广西办学历史最悠久、规模最大的综合性大学，成为教育部与广西壮族自治区人民政府合建高校和国家重点支持的世界一流学科建设高校。自治区党委、政府对广西大学建校90年来取得的辉煌成就表示祝贺，充分肯定广西大学在革命、建设和改革时期为广西乃至国家发展作出的重要贡献，希望广西大学坚持以习近平新时代中国特色社会主义思想为指导，认真贯彻习近平总书记在全国教育大会上的重要讲话精神，以建校90周年为契机，百尺竿头，更进一步，引领广西高等教育事业加快发展。

同日 依托钦州学院基础筹建的北部湾大学在钦州举行揭牌仪式。

12月9日 中央代表团向广西赠送习近平总书记题词贺匾“建设壮美广西 共圆复兴梦想”。12月17日，自治区党委常委会会议传达学习习近平总书记重要题词精神，会议指出，重要题词是对广西过去60年来辉煌成就的充分肯定，标志着广西发展进入了新的历史阶段；是对新时代广西发展的精准指导，标志着新时代广西发展有了新的奋斗目标；是站在全国发展大局高度赋予广西的历史使命，标志着广西发展战略地位有了新的提升；集中反映全自治区各族人民同心共筑中国梦的共同心愿，标志着八桂儿女对美好生活有了新期待。12月25日，自治区党委发出通知，要求全自治区各地各部门各单位党委（党组）要把学习好、宣传好、贯彻好习近平总书记重要题词精神作为一项重要政治任务，牢牢把握“建设壮美广西”的正确方向和实践路径，为“建设壮美广西 共圆复兴梦想”而努力奋斗。12月27日，自治区党委十一届五次全会在南宁召开，深入学习贯彻习近平总书记重要题词精神。

12月10日 广西壮族自治区成立60周年庆祝大会在南宁举行。12月11日—13日，中央代表团成员分赴南宁、防城港等地看望慰问各族各界干部群众、考察当地经济社会发展情况。

12月13日《广西铁路建设“十三五”规划（修编）》发布。

12月15日 中国（南宁）跨境电子商务综合试验区开区运营。

12月18日 追授蓝标河同志全国脱贫攻坚模范荣誉称号大会暨蓝标河同志先进事迹报告会在南宁举行。蓝标河生前是自治区驻融安县扶贫工作队队长。

12月22日 国家发展改革委批复《广西北部湾经济区城际铁路建设规划（2019—2023年）》，同意规划建设南宁—横县—玉林、南宁—崇左2条总里程325公里的城际铁路，投资约517亿元。

12月24日 综合交通大数据应用技术国家工程实验室广西中心、交通安全应急信息技术国家工程实验室东盟（广西）分实验室落户广西。

12月26日 南宁师范大学挂牌仪式在该校五合校区举行。南宁师范大学前身为创办于1953年10月的广西中等学校教师进修学院，1978年12月举办全日制普通本科教育，1985年5月改名为广西师范学院，1998年6月学校被国务院学位委员会批准为硕士学位授权单位，2018年11月30日教育部发函同意广西师范学院更名为南宁师范大学。

12月27日 防城港市防城区峒中口岸（含里火通道）综合区项目开工。项目位于防城区峒中镇峒中村、那良镇里火村，总用地面积880亩，项目总投资10亿元。

12月28日 经国务院批准，中国人民银行等13部委印发《广西壮族自治区建设面向东盟的金融开放门户总体方案》，提出经过5年左右的努力，广西基本构建面向东盟的经济金融合作大通道，完善跨境金融合作交流机制和金融风险防控机制，强化面向东盟的人民币跨境结算、货币交易和跨境投融资服务。

同日 自治区人民政府分别与14个设区市人民政府签订《高标准农田建设责任状》，广西成为全国第一个签订《高标准农田建设责任状》的省（自治区）。

同日 广西消防救援总队授旗授衔和换装仪式在总队礼堂举行。自治区党委、政府向被授予消防救援衔的同志表示热烈祝贺，向长期奋战在灭火救援和抢险救灾一线的全自治区消防救援人员致以崇高敬意和诚挚慰问。长期以来，广西消防队伍有警必出、闻警即动，时刻奋战在党和人民群众最需要的地方，在妥善处置重大灾害事故和服务重大活动消防安保方面，作出了突出贡献，涌现出一大批先进集体和个人，树立了奋勇争先、英勇顽强的良好形象。

12 月 29 日 自治区党委、政府印发《关于加强耕地保护和改进占补平衡的实施意见》，提出到 2020 年，广西耕地保有量不少于 6546 万亩，永久基本农田保护面积不少于 5481 万亩，建成 2724.9 万亩集中连片、设施配套完善、高产稳产、生态良好、旱涝保收的高标准农田。

二〇一九年

1月1日—19日 国务院扶贫办、财政部委托第三方检查组到岑溪市、富川瑶族自治县、忻城县、靖西市、三江侗族自治县开展财政专项扶贫资金绩效评价检查。

1月6日 自治区党委、政府印发《关于着力发展壮大民营经济的意见》，提出发展壮大民营经济的55条措施。

1月7日 2019年世界桂商暨商会经贸文化交流合作大会在南宁举行。是日，举行强优企业入桂发展项目签约仪式，共签约项目61个，投资总额1005亿元。

1月9日 自治区人民政府印发《关于认定第七批广西现代特色农业核心示范区的决定》，64个自治区级现代特色农业核心示范区获认定。

1月22日 自治区农村工作会议暨“美丽广西·幸福乡村”活动动员大会在南宁召开，会议决定全面启动“幸福乡村”活动，集中开展“环境秀美”“生活甜美”“乡村和美”专项活动。

2月3日 自治区人民政府批准实施《决战极度贫困地区脱贫攻坚支持政策》，提出加大资金支持力度，强化政策支撑保障，确保到2020年，广西极度贫困县、极度贫困村、极度贫困户全部脱贫摘帽。2月13日，国务院在河池召开深度贫困地区脱贫攻坚座谈会，强调要深入贯彻习近平总书记关于扶贫工作的重要论述，全方位深入推进深度贫困地区脱贫攻坚，确保与全国同步全面建成小康社会。

2月18日 自治区党委、政府印发《广西教育现代化2035》。2月21日，自治区党委、政府在南宁召开自治区教育大会，强调要推进1万所义务教育学校达到办学标准，支持各地新建改扩建100所以上普通高中，重点支持建设10所左右国内一流水平的高等职业院校和30个高水平高职专业群，推进百所高校建设，加快南宁教育园区、桂林高校集聚区建设，重点支持广西大学、广西师范大学、广西医科大学等高校建设国内同类一流大学，争取一批专业进入国家级一流本科专业。

2月26日 自治区人民政府召开常务会议，部署推动创新创业高质量发展，打造“双创”升级版，研究桂林国际旅游胜地建设、漓江生态保护和修复提升工作。

同日 自治区人民政府召开“三个攻坚突破年”活动动员部署电视电话会议，对全自治区重大项目建设、优化营商环境、产业大招商“三个攻坚突破年”活动进行动员部署。要求全自治区上下要统一思想，强化举措，真抓实干，力争“三个攻坚突破年”活动取得新突破，为全自治区经济持续、平稳、健康发展提供强有力支撑。

3月18日 广西与全国工商联企业考察团在南宁举行工作会谈。是日，防城港市人民政府、东兴市人民政府分别与华立集团股份有限公司签署投资合作协议，华立集团股份有限公司将在防城港市东兴市投资建设边境深加工产业园。

3月19日 自治区人民政府批准实施《关于激发贫困群众内生动力促进脱贫摘帽的指导意见》，从加大宣传教育、移风易俗、基层组织引导、结对帮扶、技能培训和能人带动等10个方面提出指导意见。

3月21日—22日 2019年中国广西与越南边境四省党委书记新

春会晤联谊活动在越南谅山举行。此活动已连续4年举行。中国广西壮族自治区人民政府与越南高平省人委会签署关于加快推进中国龙邦—越南茶岭口岸升格为国际性口岸并扩大开放至那西—那弄通道会晤纪要；与越南河江省人委会签署关于中国弄平—越南弄兰边民互市开放及中国—越南504界碑区域边境通道开通协议。

3月28日 自治区党委退役军人事务工作领导小组召开第一次全体会议，要求全自治区各级各部门要认真贯彻落实自治区党委、政府和广西军区联合印发的《关于加强新形势下优抚安置工作的实施意见》，扎实推进教育管理、接收安置、待遇保障、荣誉激励等重点工作，激励退役军人新时代新担当新作为。

3月29日 自治区党委国家安全委员会召开第一次全体会议，要求全自治区各级党委（党组）要树立“四个意识”、坚定“四个自信”、做到“两个维护”，深入贯彻落实中共中央关于国家安全的决策部署，把维护国家安全工作摆在突出位置、纳入重要日程，切实做到守土有责、守土负责、守土尽责。

4月4日 2019“壮族三月三·八桂嘉年华”主会场活动在广西民族博物馆开幕。本次“壮族三月三·八桂嘉年华”活动紧紧围绕中华人民共和国成立70周年主题，全自治区各地开展近千场文化旅游活动，向全世界展示广西团结和谐、开放包容的壮美新形象。

4月9日 2019年广西科学技术奖励大会在南宁举行。会议表彰获得2018年度国家、广西科学技术奖以及广西“金绣球友谊奖”的科技工作者、国（境）外专家及友好人士。其中，由郑皆连院士作为第一完成人牵头完成的“超500米跨径钢管混凝土拱桥关键技术”项目获国家科技进步奖二等奖；由广西医科大学陈萍作为第一完成人牵头完成的“地中海贫血的干预：筛查，基因诊断和产前诊断研究”

和广西大学王双飞分别获广西科学技术特别贡献类特等奖。

4月12日 自治区党委批准实施《关于解决形式主义突出问题为基层减负的工作措施》；2020年6月，批准实施《关于持续解决困扰基层的形式主义问题为决胜全面建成小康社会提供坚强作风保证的若干措施》。

同日 自治区党委常委会会议审议通过《加快建设沿边经济带深入推进兴边富民强边固边的意见》及其配套文件和《加大脱贫攻坚力度加快左右江革命老区振兴实施方案》。

4月15日 自治区边海防委员会召开全体（扩大）会议，审议通过《广西壮族自治区边海防委员会工作规则》。会议指出，广西作为边疆民族地区和祖国“南大门”，在国家边海防、维护海洋权益和沿海沿边开放开发中具有特殊地位与重要作用，强调要正确处理好保护与开发、守边与兴边、陆防与海防的关系，不断谱写祖国南疆繁荣稳定新篇章。

4月17日 自治区党委常委（扩大）会议在南宁召开，传达学习习近平总书记在解决“两不愁三保障”突出问题座谈会上的重要讲话精神，研究贯彻落实措施。

4月18日—19日 全国县级脱贫攻坚项目库建设和扶贫项目资金绩效管理座谈会在都安瑶族自治县召开。

4月19日 自治区深化扶贫领域腐败和作风问题专项治理工作推进会在南宁召开，要求突出“六个聚焦”、深化“六项行动”，以提升年活动开创专项治理新局面。

4月21日 中央扫黑除恶第17督导组督导广西壮族自治区第一次边督边改对接会在南宁召开。督导组肯定广西扫黑除恶专项斗争取得的成效，指出存在的突出问题和薄弱环节，提出整改意见。自治区党委、政府诚恳接受，强调要从全局高度深刻领会扫黑除恶专项斗争的重要意义，以更高的政治自觉、更强的政治担当、更大的政治责任，推动扫黑除恶专项斗争进一步深入开展。

4月24日 自治区人民政府批复同意龙胜各族自治县、资源县、田阳县、田东县、西林县、富川瑶族自治县、金秀瑶族自治县、宁明县、大新县、苍梧县、平果县、河池市金城江区、天峨县、武宣县等14个贫困县（区）脱贫摘帽。

4月28日 中越边境友谊关口岸、东兴口岸启用首批“一带一路”通道。

4月29日 全国扶贫宣传工作会议在北京召开，对2018年度扶贫宣传先进集体和先进个人以及“脱贫攻坚好新闻”进行表彰。广西扶贫办获“2018年度扶贫宣传先进集体”称号，并作典型交流发言。2020年4月22日，广西扶贫办获“2019年度全国扶贫宣传工作先进集体”称号。

同日 自治区人民政府印发《广西现代林业产业高质量发展三年行动计划（2019—2021年）》，提出充分发挥林木资源优势，加快推动现代林业产业高质量发展。

5月5日 自治区人民政府印发《关于减征个人所得税有关问题的通知》，就广西残疾人、孤老人员、烈属所得和因自然灾害遭受重大损失个人所得税政策减征问题明确规定。

5月10日 自治区党委、政府在南宁召开自治区2019年脱贫攻坚推进大会，动员全自治区上下深入学习贯彻习近平总书记关于扶贫工作的重要论述，全面落实习近平总书记主持召开的解决“两不愁三保障”突出问题座谈会精神和全国扶贫开发工作会议精神。大会为脱贫摘帽县授牌，表彰先进集体和先进个人，21个2019年计划脱贫摘帽县向自治区党委、政府递交脱贫摘帽承诺书。

5月13日 国际陆海贸易新通道广西推介会在新加坡举行，进一步落实中新两国领导人达成的一系列重要共识，共同推进陆海新通道建设。

5月15日 2019广西对接粤港澳大湾区——走进香港推介会在香港举行，现场签订一批桂港投资合作项目。会议认为，双方优势互补，深化合作潜力巨大、前景广阔。

5月17日 2019广西对接粤港澳大湾区——走进澳门推介会在澳门举行。推介会现场以文艺表演、播放短片、美食展示、民俗体验等形式，展现广西丰富多彩的文化旅游资源和少数民族风情。

5月20日 自治区党委、政府印发《关于全面对接粤港澳大湾区加快珠江—西江经济带（广西）发展的若干意见》。同日，自治区人民政府印发《广西全面对接粤港澳大湾区建设总体规划（2018—2035年）》。7月2日，广西全面对接粤港澳大湾区加快珠江—西江经济带发展会议在梧州召开，提出要以更高站位、更大力度、更实措施全面对接粤港澳大湾区，进一步做实珠江—西江经济带。

5月21日 百色市人民政府与吉利科技集团有限公司在南宁签署合作协议。根据协议，吉利科技集团有限公司与百色市将共同推动汽车轻量化铝合金的研发、生产。11月18日，自治区党委、政府在百色市田阳县举行吉利百矿铝产业项目开工仪式。该项目主要包括铸造铝轮毂生产线项目、铝板带箔生产线项目、国家级铝产业研究院项目，开创了百色国有企业改革和铝二次创业的新局面，将有力推动百色铝产业延长产业链、提高附加值，为百色革命老区经济高质量发展注入新动力。

5月24日 自治区党委、政府在龙州县召开自治区兴边富民工作会议，强调深入推进兴边富民、守边固边、强边固边，加快推动广西中越边境地区经济社会繁荣发展；要求广西中越边境地区各级各部门和自治区有关单位要结合实际、认真抓好、贯彻落实，突出重点，统筹推进，加快建设沿边经济带和全国强边固边示范区。

5月27日 国务院扶贫办通报2018年脱贫攻坚成效考核有关情况，广西获脱贫攻坚成效考核综合评价“好”的等次，获4亿元中央财政专项扶贫资金奖励。

同日 由广西壮族自治区人民政府、上海合作组织睦邻友好合作委员会共同主办的国际医学创新合作论坛（中国—上海合作组织）在防城港市开幕。广西表示愿与各方携手合作，共同提升医疗卫生水平。

5月28日 自治区党委十一届六次全会审议通过《中共广西壮族自治区委员会关于进一步解放思想改革创新扩大开放实干担当加快建设壮美广西共圆复兴梦想的决定》。全会强调，“解放思想、改革创新、扩大开放、担当实干”是自治区党委围绕“建设壮美广西 共圆复兴梦想”总目标总要求确定的工作方针，其中解放思想是制胜法宝，改革创新是动力引擎，扩大开放是重要引领，担当实干是保障支撑。全自治区上下要以此为抓手，保持定力，久久为功，奋力开创广西改革发展新局面。

5月29日—30日 广东省党政代表团到广西考察并出席在巴马瑶族自治县举行的粤桂扶贫协作第四次联席会议。9月9日—10日，2019年粤桂扶贫协作工作现场推进会在靖西召开。11月11日—12日，广西党政代表团赴广东省深圳、广州学习考察，并参加粤桂扶贫协作工作座谈会，共商深化扶贫协作事宜。

5月 自治区党委、政府决定，从当年5月10日开始至2020年6月30日，全自治区筹措超过150亿元资金，集中力量打好义务教育保障、基本医疗保障、住房安全保障和饮水安全“四大战役”。

6月1日《广西壮族自治区食品安全条例》施行，对食品安全风险监测、评估和食品安全标准，食品生产经营、检验、安全监督管理等消费者关注的食品安全问题作出相关监管规定。该条例在全国省一级食品安全地方立法中首次明确了临近保质期的时间。

6月3日 自治区人民政府印发《关于全面实行永久基本农田特殊保护的实施意见》，这是全国首个永久基本农田特殊保护制度文件。是年，全自治区共统筹调剂自治区、市、县三级耕地占补指标，落实709个建设项目57433.65亩占补任务，全自治区耕地保有面积达6578.85万亩，连续20年实现耕地占补动态平衡。

6月4日 自治区“不忘初心、牢记使命”主题教育工作会议召开，号召全自治区各级党组织和广大党员干部深入学习贯彻习近平总书记在“不忘初心、牢记使命”主题教育工作会议上的重要讲话精神，坚决贯彻党中央部署要求，结合广西实际，以高度自觉的政治担当和自我革命的斗争精神开展好主题教育，在“守初心、担使命，找差距、抓落实”上取得实实在在的成效，进一步解放思想、改革创新、扩大开放、担当实干，为加快建设壮美广西、共圆复兴梦想不懈奋斗。2020年1月11日，召开总结大会。

6月6日 自治区人民政府召开自治区“双百双新”产业项目推进工作会议，动员各地抓大项目、大抓项目。

6月17日 百色市委宣传部派驻乐业县新化镇百坭村驻村第一书记黄文秀，在突发山洪中不幸遇难，年仅30岁。7月1日，习近平总书记对黄文秀同志先进事迹作出重要指示，他强调，黄文秀同志研究生毕业后，毅然回到家乡，在脱贫攻坚第一线倾情投入、奉献自我，用美好青春诠释了共产党人的初心使命，谱写了新时代的青春之歌。广大党员干部和青年同志要以黄文秀同志为榜样，不忘初心、牢记使命，勇于担当、甘于奉献，在新时代的长征路上作出新的更大贡献。黄文秀同志先后被追授“全国三八红旗手”“八桂楷模”“全国脱贫攻坚模范”“时代楷模”“全国敬业奉献模范”“最美奋斗者”“全国优秀共产党员”等荣誉称号，获“中国青年五四奖章”“全国五一劳动奖章”“七一勋章”。

7月12日　自治区党委、政府在北京召开共同推进广西建设面向东盟的金融开放门户座谈会，来自国家有关部委、国内金融机构总部、知名企业和重点高校等有关负责人就共同推进广西建设面向东盟的金融开放门户合作基础、发展前景、政策创新等进行深入交流。

7月18日　自治区党委、政府在南宁召开自治区公安工作会议，要求自治区各级各部门特别是公安机关必须解放思想、改革创新、扩大开放、担当实干，进一步强化忧患意识和底线思维，锐意改革创新，扎实做好维护国家政治安全和社会稳定各项工作，在更高起点、更高标准、更高水平上展现新担当、新作为。

7月20日　自治区人民政府批准实施《关于促进广西中小企业健康发展若干措施》，提出营造良好发展环境、加大融资支持力度、打造百家小微企业示范园、支持千家中小企业数字化改造、加强职业技能培训、鼓励“个转企”“小升规”等方面具体措施。

7月23日　自治区党委召开自治区人大工作会议，要求自治区各级人大及其常委会要以高度的政治责任感、历史使命感和工作紧迫感，认真履行党和人民赋予的使命职责，把准大方向，找准切入点，聚焦自治区党委确定的大事、群众关心的要事、改革发展的难事，用心用情用力做好人大工作。

7月25日　自治区党委、政府和广西军区在南宁召开自治区双拥模范城（县）命名暨双拥模范单位和个人表彰大会，动员和激励全自治区军民同心同德、团结奋进，努力提升新时代双拥工作水平。

7月28日　人力资源和社会保障部、国务院扶贫办和广西壮族自治区党委、政府共同举办黄文秀同志先进事迹报告会，深入贯彻落实习近平总书记关于黄文秀同志先进事迹的重要指示精神，深切缅怀黄文秀同志，激励全自治区广大党员干部见贤思齐、奋发作为，齐心协力打赢脱贫攻坚战。

7月31日 自治区党委、政府在钦州召开自治区推进北钦防一体化和高水平开放高质量发展暨西部陆海新通道建设大会，提出要着力做好“南向”开放发展这篇文章。是日，广西新通道国际集装箱码头有限公司揭牌。

8月1日 自治区党委、政府印发《关于建立健全城乡融合发展体制机制和政策体系的实施意见》，提出加快形成工农互促、城乡互补、全面融合、共同繁荣的新型工农城乡关系，加快推进农业农村现代化，力争与全国基本同步实现建立健全城乡融合发展体制机制目标。

8月2日 国务院印发《关于6个新设自由贸易试验区总体方案的通知》，中国（广西）自由贸易试验区名列其中，涵盖南宁片区、钦州港片区、崇左片区，总面积119.99平方公里。8月26日，国务院印发《中国（广西）自由贸易试验区总体方案》。8月30日，中国（广西）自由贸易试验区揭牌运行。

8月6日 自治区党委、政府批准实施《广西全面深入持久开展民族团结进步创建工作铸牢中华民族共同体意识实施方案》，提出要深化民族团结进步宣传教育、促进各民族交往交流交融、提升民族团结进步创建工作水平、加强保障措施，进一步巩固和发展社会主义民族关系，持续增强各族群众获得感幸福感安全感，为建设壮美广西、共圆复兴梦想凝聚精神力量。

8月11日 自治区党委、政府印发《关于建立更加有效的区域协调发展新机制的实施意见》，提出：到2020年，建立与全面建成小康社会相适应的区域协调发展新机制；到2035年，建立与基本实现现代化相适应的区域协调发展新机制；到21世纪中叶，建立与全面建成社会主义现代化强国相适应的区域协调发展新机制。

8月15日 经国务院同意，国家发展改革委印发《西部陆海新通道总体规划》。

8月23日 自治区人民政府批准实施《广西加快5G产业发展行动计划（2019—2021年）》。

8月26日 自治区党委、政府在南宁召开自治区大健康产业发展工作会议，强调要深入贯彻落实健康中国战略和习近平总书记对广西工作的重要指示精神，从是年起，每年建设或改造升级10个以上乡镇敬老院，到2021年，建成100个区域性农村养老服务中心、100个以上县级以上示范性养老机构，扎实推进防城港国际医学开放试验区等国家级重大平台建设，深入开展大健康产业招商引资专项行动，培育形成千亿元大健康产业集群。

8月29日 自治区脱贫攻坚"回头看"专项行动工作电视电话会议在南宁召开，部署全自治区脱贫攻坚"回头看"专项行动，并进行业务培训。

8月31日—9月1日 首届世界茉莉花大会暨第十一届中国茉莉花茶交易博览会、2019年中国（横县）茉莉花文化节在横县举行。其间，横县获颁"世界茉莉花都"牌匾。

8月 自治区党委、政府印发《广西建立国土空间规划体系并监督实施的实施方案》。

9月2日 国务院新闻办公室在北京举行以"建设壮美广西 共圆复兴梦想"为主题的庆祝中华人民共和国成立70周年广西专场新闻发布会。广西壮族自治区党政主要领导用翔实的数据、鲜活的实例，向媒体记者全面介绍了广西深入学习贯彻习近平总书记对广西工作的重要指示精神，加快建设壮美广西、共圆复兴梦想的不懈努力、生动实践和显著成效。

9 月 3 日　国家脱贫攻坚督查组对广西脱贫攻坚工作开展实地检查。9 月 11 日，督查组在南宁召开会议反馈督查情况。

9 月 6 日　以“对接粤港澳大湾区建设，深化泛珠合作发展”为主题的 2019 年泛珠三角区域合作行政首长联席会议在广西南宁召开。是日，广西—香港标准及检定中心有限公司揭牌，桂港双方表示，将以此为契机，做大做强检测认证基地，为产业配套发展提供国际化、便捷化、一站式优质服务，促进贸易便利化，推动广西更好融入粤港澳大湾区建设。

9 月 9 日　第一届中国—东盟人工智能峰会暨中国—东盟信息港合作伙伴签约仪式在南宁举行。中国—东盟数字贸易枢纽中心、中国—东盟（华为）人工智能创新中心、中国—东盟信息港缅甸云计算中心、紫光云技术有限公司广西总部等项目完成签约。

9 月 12 日　经中共中央批准，红军长征湘江战役纪念设施落成仪式在全州县举行。习近平总书记高度评价湘江战役，始终牵挂在湘江战役中牺牲的革命先烈，明确要求做好烈士遗骸收殓保护工作、规划建设好纪念设施，充分体现了对党的初心使命的坚持坚守，对传承红色基因、推进伟大事业的高度自觉。此次落成的红军长征湘江战役纪念设施位于全州县才湾镇脚山铺，主要包括红军长征湘江战役纪念园、纪念馆、纪念林等设施。

9 月 16 日　以“弘扬丝路精神　共同合作发展”为主题的首届“一带一路”侨商侨领交流合作大会在南宁开幕。自治区党委、政府对致公党中央长期以来关心支持广西发展表示感谢，希望致公党中央继续加大对广西脱贫攻坚的支持力度，积极发动海外侨商侨领参与广西脱贫攻坚，推动实施更多扶贫项目。

9月21日 以“共建陆海新通道，共享发展新机遇”为主题的中国—东盟商界领袖论坛在南宁举行。论坛以播放视频的形式见证中新南宁国际物流园新中智慧园试运营启动、陆海新通道第762班海轮钦州港出发，现场发布《中国—新加坡工商界共商共建共享国际陆海贸易新通道倡议》。

9月25日 广西第一个政务融媒体中心、全国海关系统建成的第一个融媒体中心——南宁海关融媒体中心成立并投入使用。

9月27日 广西第七届全国道德模范和第五届自治区道德模范表彰座谈会在南宁召开，会上深入学习贯彻第七届全国道德模范座谈会精神，表彰第五届自治区道德模范，并为受表彰代表颁发证书和奖章。

9月28日 庆祝中华人民共和国成立70周年大型原创音乐剧《血色湘江》在广西文化艺术中心首演。《血色湘江》以湘江战役为背景，艺术再现当时执行后卫任务的部队浴血奋战，最终全部壮烈牺牲的感人故事。

9月30日 自治区脱贫攻坚先进典型代表座谈会在南宁召开，对全自治区脱贫攻坚好党员、好支书、优秀第一书记各100人进行通报表扬，动员广大党员干部向先进典型学习，担当作为，攻坚克难，坚决打赢打好脱贫攻坚战。

10月1日 自治区庆祝中华人民共和国成立70周年大会在南宁民族广场举行。70年来，广西社会事业发展和人民生活水平显著提升。农村贫困人口从1978年的2100万减少到2018年的151万，贫困发生率由70%下降到3.7%，脱贫攻坚取得决定性胜利。城镇和农村居民人均可支配收入分别超过3万元和1万元，全自治区各族群众日子越过越红火。

10月15日 广西第一条直飞东盟的货运航线——中国南宁市至

越南胡志明市往返全货机航线开通。

10月 交通运输部将广西列入全国首批13个交通强国建设试点单位，为广西交通强区建设明确主攻方向。2020年4月19日，自治区党委、政府印发《广西贯彻落实〈交通强国建设纲要〉实施方案》，标志交通强国广西试点工作拉开全面实施序幕。

11月1日 自治区党委常委会（扩大）会议审议通过《关于实施强首府战略的若干意见》《关于支持强首府战略的若干政策》。11月26日，自治区党委、政府召开广西实施强首府战略工作会议，强调突出强工业、强创新、强金融、强枢纽、强开放、强治理，把南宁打造成引领全自治区高质量发展核心增长极。

11月8日 2019广西大健康产业峰会在南宁开幕。本届峰会由农工党中央、国家中医药管理局、广西壮族自治区人民政府联合主办，以“汇集大健康产业发展力量、携手共建壮美广西”为主题。会上，多个省（自治区）、市政府和中央直属企业现场签订合作协议，涉及30多个广西大健康产业项目，预计总投资超过1000亿元。

11月11日 自治区党委、政府在广东省深圳市举行2019年广西全面对接粤港澳大湾区产业发展推介会暨签约仪式，广西壮族自治区人民政府分别与中国平安保险（集团）股份有限公司、正威国际集团、万科企业股份有限公司签订合作（框架）协议；粤桂两省（自治区）发展改革委签订《广西壮族自治区精准承接广东省产业转移结对合作框架协议》；华为、平安、万科、融创、正威等知名企业与广西签订一批投资类合作项目，总投资超2000亿元，涉及大健康、大数据、大物流、新制造、新材料、新能源“三大三新”重点产业领域。

11月14日 自治区党委常委会会议审议通过《关于贯彻落实

〈中共中央关于新时代加强和改进人民政协工作的意见〉的实施意见》。11 月 22 日，自治区党委在南宁召开政协工作会议，深入贯彻落实习近平总书记关于加强和改进人民政协工作的重要论述精神。

同日 自治区党委常委会会议审议通过《关于加快文化旅游产业高质量发展的意见》。11 月 20 日—21 日，首届广西文化旅游发展大会在桂林召开，主题为"文旅大融合 产业大发展——高质量打造世界一流国际旅游胜地"。从 2019 年起，每年召开广西文化旅游发展大会，各设区市通过竞选方式轮流承办。

11 月 18 日 广西壮族自治区第十四届运动会在百色市开幕。本届运动会有 8100 多名运动员参加 704 个竞技体育项目、115 个群众体育项目竞逐，是参赛人数最多、项目最多、规模最大的一届运动会。

11 月 28 日 自治区党委常委会会议审议通过《关于建设现代化经济体系的实施意见》，提出要以实施"双百双新"重大项目、"千企技改"工程为重点，推动传统产业"二次创业"，大力发展战略性新兴产业，推动创新创业高质量发展等措施。

11 月 经自治区人民政府同意，自治区住房和城乡建设厅等 9 个部门联合印发《关于在各设区市全面开展生活垃圾分类工作的通知》，提出到 2022 年，除南宁市以外的其他设区市至少有 1 个城区实现生活垃圾分类全覆盖，其他各城区至少有 1 个街道基本建成生活垃圾分类示范片区；到 2025 年，全自治区所有设区市基本建成生活垃圾分类处理系统，生活垃圾回收利用率达到 35%。

12 月 18 日 自治区党委、政府在南宁召开建设平安广西活动表彰大会，表彰 2017—2018 年度建设平安广西活动先进单位和个人，研究部署下一阶段平安广西建设工作，进一步激励广大干部守初心、担使命，加快推进社会治理现代化，建设更高水平的平安广西。

12 月 19 日 自治区党委、政府印发《关于加快发展向海经济推动海洋强区建设的意见》。在全自治区共同努力下，2019 年，广西海洋经济生产总值达 1638 亿元，同比增长 9%。2020 年 9 月 24 日，自治区印发《加快发展向海经济推动海洋强区建设三年行动计划（2020—2022 年）》；9 月 27 日，召开向海经济发展推进会议，这是全自治区发展向海经济规模最大、层级最高的会议，是对广西加快向海经济发展、推动海洋强区建设的再加力再推进。

12 月 23 日 自治区党委十一届七次全会审议通过《中共广西壮族自治区委员会关于深入贯彻落实党的十九届四中全会精神　奋力推进广西治理现代化的实施意见》。该意见聚焦破解制约广西发展的突出问题和完善制度体系、提高治理能力的实际需要，对贯彻落实 9 个方面制度、提升 9 个方面能力水平作出全面部署。

12 月 24 日 广西高新技术企业 100 强、创新能力 10 强、创新活力 10 强企业榜单发布会在南宁举行，此次是广西首次评选发布高新技术企业榜单，标志高新技术企业成为推动广西经济高质量发展生力军。

同日 根据《广西壮族自治区激励干部担当作为奖励办法（试行）》，自治区党委、政府作出决定，对担当作为、干事创业表现特别突出的 16 个集体和 95 名个人予以通令嘉奖。

12 月 30 日 自治区党委常委会会议暨中央环境保护督察“回头看”反馈意见自治区整改工作领导小组 2019 年第四次会议召开。会议指出，打好污染防治攻坚战是实现全面建成小康社会目标的硬任务，为期 3 年的污染防治攻坚战已经过了 2/3 时间，在剩下 1 年里，要高质量打好这一仗，确保全面完成污染防治任务。

12 月 31 日 自治区党委、政府在南宁举行万有（南宁）国际旅游度假区项目开发协议签约仪式。2020 年 3 月 29 日，万有（南宁）国际旅游度假区项目在南宁正式开工。该项目是自治区重点打造的文旅项目，是南宁市全面落实强首府战略的标志性重大项目，计划总投资 500 亿元。

二〇二〇年

1 月 2 日 数字广西鲲鹏产业生态大会在南宁举行，主题为“鲲鹏展翅，力算未来，共赢多样性计算时代”，来自各领域的行业先锋、学术专家 1500 多人参加大会。

1 月 21 日 自治区党委常委会会议传达学习习近平总书记对新型冠状病毒感染的肺炎疫情作出的重要指示精神，就做好广西疫情防控工作进行部署。

1 月 24 日 自治区新型冠状病毒感染的肺炎疫情联防联控工作领导小组发布通告，广西启动重大突发公共卫生事件Ⅰ级响应。2 月 24 日，调整为Ⅲ级响应。

1 月 26 日 自治区新型冠状病毒感染的肺炎疫情防控工作领导小组成立。自治区党委召开常委会（扩大）会议暨自治区新型冠状病毒感染的肺炎疫情防控工作领导小组第一次会议，学习贯彻习近平总书记 1 月 25 日在中央政治局常委会会议上的重要讲话精神，进一步研究部署疫情防控工作。

同日 自治区党委、政府决定将自治区人民医院邕武医院改扩建为广西“小汤山医院”。1 月 31 日动工兴建，2 月 16 日投入使用。3 月 17 日，广西“小汤山医院”最后 1 名新冠肺炎确诊病例治愈出院。

1 月 27 日《自治区新型冠状病毒感染的肺炎疫情防控工作领导小组指挥部令（第 1 号)》发布，对全自治区疫情防控工作提出 10 项要求。

同日　广西首批驰援湖北省抗疫医疗队137人飞抵武汉。此后，广西分8批向湖北省派出医疗队员，共计962人。4月8日，医疗队圆满完成驰援湖北省疫情防控任务，全部队员返回广西。

1月30日　首班广西支援湖北省果蔬物资直达冷链专列发出。

1月—10月　广西对全自治区未脱贫摘帽的8个贫困县、2019年底贫困人口在5000人以上的其他7个县（市）和2019年底贫困发生率在5%以上的138个贫困村实行分级挂牌督战。要求各地各部门对照脱贫摘帽各项指标，查缺补漏，整合资源，在资金、项目、政策方面加大支持力度，确保完成脱贫攻坚各项目标任务。

2月12日　自治区深度贫困地区脱贫攻坚电视电话会议在南宁召开，贯彻落实中央政治局常委会会议和全国扶贫开发工作会议、全国深度贫困地区脱贫攻坚座谈会精神，部署新冠肺炎疫情防控、脱贫攻坚工作。

2月13日　自治区扶贫办等9部门联合印发《坚决打赢疫情防控阻击战保障决胜脱贫攻坚若干措施的通知》，要求在做好疫情防控工作的同时，扎实推进脱贫攻坚各项工作，确保全面完成脱贫攻坚目标任务。

2月14日　自治区党委常委会会议暨自治区扶贫开发领导小组会议召开，深入贯彻习近平总书记关于扶贫工作的重要论述和党中央部署要求，听取2019年以来全自治区脱贫攻坚工作情况汇报，研究部署决战脱贫攻坚工作。

2月21日　自治区人民政府印发《自治区划转部分国有资本充实社保基金实施方案》，提出按照国家深化国有企业改革和基本养老保险制度改革的有关要求，在推动国有企业深化改革的同时，通过划转部分国有资本充实社保基金，使全自治区人民共享国有企业发展成果，增进民生福祉，促进改革和完善基本养老保险制度。

2月22日 根据中共中央、国务院"一省支援一地市"的决策部署，广西对口支援湖北省十堰市。是日，广西举行对口支援十堰市新冠肺炎防治工作视频会商会，共同就进一步做好十堰市疫情防治工作进行会商。

2月23日 中央统筹推进新冠肺炎疫情防控和经济社会发展工作部署会议结束后，自治区党委、政府立即在广西分会场召开自治区、市、县三级电视电话会议，对全自治区学习贯彻落实习近平总书记重要讲话精神作出部署。会议指出，新冠肺炎疫情发生以来，广西坚决贯彻落实坚定信心、同舟共济、科学防治、精准施策的总要求，疫情防控工作取得阶段性成效。会议强调，要坚定战胜疫情的信心决心，坚定完成全年目标任务的信心决心，坚定打赢脱贫攻坚战的信心决心，全力确保如期全面建成小康社会。

2月26日 自治区党委、政府在南宁召开自治区2020年决战脱贫攻坚大会，动员全自治区上下采取有力措施，克服新冠肺炎疫情带来的影响，奋力夺取脱贫攻坚全面胜利。同日，自治区党委、政府印发《关于统筹做好新冠肺炎疫情防控和经济社会发展工作的意见》，提出10个方面34条重点措施。3月4日，自治区新冠肺炎疫情防控工作领导小组指挥部召开广西统筹推进疫情防控和脱贫攻坚工作新闻发布会。

2月29日 自治区党委、政府批准实施《广西贯彻落实〈新时代爱国主义教育实施纲要〉工作方案》。

3月1日 《广西壮族自治区最低生活保障办法》施行，对保障标准和保障对象、申请和审批发放、监督管理、法律责任等作出规定。

3月2日 自治区召开电视电话会议，启动实施基础设施补短板，交通网、能源网、信息网、物流网、地下管网"五网"建设三年大会战。2020—2022年，全自治区将重点推进2817个项目建设，总投资2.2万亿元以上，3年计划投资1万亿元以上，其中2020年完成2630亿元，2021年完成3580亿元，2022年完成3810亿元。

3月19日 自治区党委常委会召开会议，学习贯彻习近平总书记在中央政治局常委会会议上的重要讲话精神，提出要进一步统筹抓好疫情防控和经济社会发展重点工作；审议通过《广西壮族自治区贯彻〈中国共产党农村工作条例〉实施办法》。

3月23日 自治区党委、政府印发《广西营造更好发展环境支持民营企业改革发展实施方案》，提出32项可操作、可量化的具体措施，解决制约广西民营经济发展的问题。

3月25日 自治区党委、政府召开自治区重大项目建设推进电视电话会议，就做好统筹推进新冠肺炎疫情防控和经济社会发展工作进行部署。

4月7日 国务院批复同意设立广西百色重点开发开放试验区。该试验区是中国首个以地级市为基本单元的重点开发开放试验区。批复中明确要求将试验区建设成为中国与东盟高质量共建"一带一路"的重要平台、辐射带动周边经济发展的重要引擎、稳边安边兴边模范区、生态文明建设示范区。11月27日，由国家发展改革委和广西壮族自治区党委、政府主办的广西百色重点开发开放试验区建设推进会在南宁举行。

同日 自治区党委、政府在南宁举行2020年广西科学技术奖励大会，表彰2019年度获得国家科学技术奖、广西科学技术奖的科技人员，向以"大型二氧化氯制备系统及纸浆无元素氯漂白关键技术及应用"项目获国家技术发明奖二等奖的广西大学王双飞、以"广适性超级稻材料创制及新品种选育"项目获广西科学技术奖科学技术特别贡献类特等奖的自治区农科院邓国富颁发奖章、证书。

4月8日—9日 2020年第一季度广东省江门市、湛江市、茂名市、肇庆市对口帮扶广西16个县扶贫协作工作调度会议在隆安县召开。

4月9日 经过7年施工建设，自治区重大水利建设工程——南宁市邕宁水利枢纽工程（牛湾电厂）6号机组通过验收并网发电，标志邕宁水利枢纽主体工程基本完工。

4月13日—23日 中国文联、广西壮族自治区人民政府、中国戏剧家协会联合主办的第二十九届“中国戏剧梅花奖”竞演在南宁举行。这是“中国戏剧梅花奖”竞演首次在边疆民族地区举办。

4月23日 中央脱贫攻坚约谈广西问题整改督战工作会议在都安瑶族自治县召开。

4月30日 广西壮族自治区人民政府与华为技术有限公司深化战略合作框架协议签订仪式暨鲲鹏产业生态推进大会在南宁举行。根据协议，广西与华为技术有限公司将进一步深化合作，共同推动“五网”建设和新基建，全方位提高新型基础设施支撑引领广西经济社会高质量发展的水平。

4月 自治区党委、政府批准实施《关于强化知识产权保护的实施意见》。

5月5日 国务院办公厅印发《关于对2019年落实有关重大政策措施真抓实干成效明显地方予以督查激励的通报》，广西被认定为完成年度计划、减贫成效显著、综合评价好的省（自治区），获得通报表扬。

5月8日 滇桂黔石漠化片区区域发展与脱贫攻坚推进会在北京召开。

5月11日 自治区人民政府批复同意上林县、马山县、隆安县、融安县、灌阳县、藤县、桂平市、博白县、德保县、靖西市、凌云县、田林县、贺州市平桂区、昭平县、钟山县、环江毛南族自治县、东兰县、巴马瑶族自治县、凤山县、忻城县、天等县等21个县（市、区、自治县）脱贫摘帽。

同日 广西壮族自治区人民政府与东软集团股份有限公司在南宁签订战略合作框架协议，围绕建设数字广西总目标开展多层次、多方位合作。9月4日，广西壮族自治区人民政府与紫光集团在南宁签订战略合作框架协议，共同推进数字广西建设，促进广西信息产业发展。

5月14日 自治区新冠肺炎疫情防控工作领导小组指挥部印发《关于做好新冠肺炎疫情常态化防控工作的实施意见》。

5月20日 习近平总书记对毛南族实现整族脱贫作出重要指示："得知毛南族实现整族脱贫、乡亲们生活有了明显改善，我感到很高兴。全面建成小康社会，一个民族都不能少。近年来，多个少数民族先后实现整族脱贫，这是脱贫攻坚工作取得的重要成果。希望乡亲们把脱贫作为奔向更加美好新生活的新起点，再接再厉，继续奋斗，让日子越过越红火。"5月21日，出席十三届全国人大三次会议的广西代表团在北京广西大厦召开座谈会，传达学习习近平总书记对毛南族实现整族脱贫的重要指示精神。

5月30日 自治区召开传达贯彻全国两会精神大会，强调要深化对全国两会精神的学习贯彻，解放思想、改革创新、扩大开放、担当实干，稳字当头、保住底线、以保促稳、稳中求进，努力完成全年目标任务，全面建成小康社会，为建设壮美广西、共圆复兴梦想不懈奋斗。

5月31日 恒大崇左文化旅游康养城项目在扶绥县全面开工。该项目包括产业板块和产业配套板块两部分，计划5年内完成项目产业部分工程建设，并实现产业全面运营，可带动上万人就业。

5月 自治区党委、政府印发《关于促进中医药壮瑶医药传承创新发展的实施意见》，从健全服务体系、发展养生保健服务、加强人才队伍建设等方面作出工作部署，明确到2022年，基本实现县办中医医疗机构全覆盖，并将中医药壮瑶医药纳入“一带一路”国际合作重要内容。10月21日，自治区党委、政府在南宁召开自治区中医药大会，部署推进广西中医药壮瑶医药传承创新发展，推动广西中医药壮瑶医药发展再上新台阶。

同月 自治区党委、政府印发《关于推进贸易高质量发展的实施意见》，提出32条政策措施，从创新驱动夯实外向型产业基础、优化国际市场和区内布局、做强做优主要贸易方式等方面谋篇，以推动与东盟经贸合作为重点，全面落实外贸“五个优化”“三项建设”。

6月3日 自治区党委、政府慰问郑皆连和研究团队核心成员。郑皆连牵头的“大跨拱桥关键技术研究团队”获第二届全国创新争先团队奖牌，这是广西科研团队在国家重大科技创新奖项中获得的最高奖项。

6月9日 自治区党委常委会召开会议，追授广西第7批援助湖北省抗疫医疗队队员、南宁市第六人民医院护士梁小霞同志为“自治区先进工作者”，追认其为中共党员；追授都安瑶族自治县拉烈镇地平村党支部驻村第一书记黄景教同志为“自治区优秀共产党员”。

同日 第一届广西健康科普技能大赛启动仪式在南宁举办，开辟了广西卫生健康工作关口前移的新阵地、新平台。

6月11日—12日 广东省党政代表团到广西考察并出席在南宁召开的粤桂扶贫协作第五次联席会议。8月28日，2020年粤桂扶贫协作消费扶贫对接活动暨第十八届广西名特优农产品（广州）交易会在广州举行。9月23日，桂粤两省（自治区）在广州召开粤桂扶贫协作工作座谈会，共商深化扶贫协作事宜，携手打好粤桂扶贫协作收官战。10 月 27 日，2020 年粤桂扶贫协作募捐暨国家扶贫日“以购代捐”系列展销活动在广州举行。

6 月 19 日 自治区党委召开 2020 年推进西部陆海新通道建设专题协商座谈会。

7 月 1 日 自治区产业扶贫现场推进会在乐业县召开，部署推进全自治区产业扶贫工作。

同日 红水河畔来宾宾港作业区“江铁海”联运班轮和华锡集团来宾冶炼厂铁路专用线“江铁海”联运班列同时首发，标志北部湾集装箱“江铁海”联运项目启动。

同日《广西优化营商环境条例》施行，标志着广西优化营商环境工作进入法制化轨道。

7 月 6 日 自治区印发《广西扶贫产品认定方案》，并公布“广西扶贫产品标识”，消费者通过该标识可以快速识别有带贫益贫作用的产品。

7 月 9 日 广西消费扶贫平台暨中国社会扶贫网广西频道上线仪式在广投数字经济示范基地举行，标志广西“互联网 +”社会扶贫和消费扶贫工作取得重大进展。

同日 广西百万职工“抗疫情促消费助脱贫”活动在南宁启动，组织动员 100 万 ~ 200 万工会会员参加，通过统一采购慰问品、发放补贴消费券等方式，助力自治区“贫中之贫”“困中之困”地区解决农产品销售问题，为贫困户拓展增收渠道，增加收入。

7 月 23 日 自治区党委、政府批准实施《关于扎实做好“六稳”工作全面落实“六保”任务的实施意见》，从保持居民就业形势稳定、构筑基本民生保障安全网、着力稳企业保市场主体、确保粮食和能源安全稳定供应、提升产业链供应链稳定性和竞争力、兜牢保基层运转底线、积极扩大有效投资、全力促消费稳外贸、决战决胜脱贫攻坚、强化组织保障和推进落实等方面作出具体部署。

7月25日—30日 国务院扶贫开发领导小组赴广西督查组对广西2020年脱贫攻坚工作情况开展督查，并在南宁召开会议反馈督查情况。

7月27日 自治区党委第十一届八次全体（扩大）会议在南宁召开，会议深入学习贯彻习近平新时代中国特色社会主义思想、习近平总书记对广西工作重要指示精神，认真贯彻落实党中央关于统筹推进疫情防控和经济社会发展的决策部署，动员全自治区上下进一步认清形势、坚定信心，明确重点、狠抓落实，坚决打赢疫情防控和经济社会发展两场硬仗，奋力夺取双胜利，决战决胜脱贫攻坚、全面建成小康社会，为加快建设壮美广西打下坚实基础。

同日 自治区党委、政府召开自治区激励干部担当作为专项奖励颁奖大会，表彰援鄂、赴柬埔寨抗疫人员和在新冠肺炎疫情防控和复工复产中担当作为表现突出个人。

7月28日 国务院国资委与广西壮族自治区人民政府共同举行“建设壮美广西　共圆复兴梦想”央企入桂视频会议，全面深入贯彻落实习近平总书记对中央企业参与国家战略实施和对广西工作的重要指示精神，进一步深化中央企业与地方合作，携手推进国家区域发展战略实施，助力全面建成小康社会。会议分别在北京、南宁设主会场。

7月30日 自治区人民政府批准实施《关于开展全域土地综合整治助推乡村振兴的意见》，高位布局未来5年全域土地综合整治工作，助推脱贫攻坚与乡村振兴有效衔接。是年，通过鼓励和引导社会资本参与土地整治项目建设，指导各地大力垦造水田，全自治区年内水田指标入库超过15万亩，为历年之最。

8月1日 自治区党委、政府印发《关于构建更加完善的要素市场化配置体制机制的实施意见》，对广西土地、劳动力、资本、技术、数据等要素的市场化配置改革作出全面部署，提出明确要求。

8月10日 自治区党委、政府致广西投资集团有限公司贺信。广西投资集团有限公司荣列2020年《财富》世界500强榜单，成为广西首家进入世界500强的地方本土企业，这是全自治区国有企业改革发展的重大成果。

8月18日 广西中林生态城项目一期在南宁良凤江国家森林公园正式开工建设，项目一期总投资105亿元，将通过全面提升改造良凤江国家森林公园，打造涵盖森林保育、旅游、休闲、康养、教育和康养社区产业的全国第一个森林综合体。

同日 广西壮族自治区人民政府与阿里巴巴集团控股有限公司（简称阿里巴巴集团）、蚂蚁科技集团股份有限公司（简称蚂蚁集团）在南宁签订战略合作协议，南宁五象新区管委会与蚂蚁集团签订合作协议。阿里巴巴集团表示将以此次签约为新的起点，更加积极融入广西发展，深度参与数字广西建设，为广西经济社会高质量发展作出新的更大贡献。

8月20日 中央广播电视总台大型融媒体行动“走村直播看脱贫”到灌阳县永富村，以电视大屏加新媒体小屏直播方式，深入报道当地在挖掘资源禀赋、发展产业带动脱贫、促进乡村振兴等方面取得的成效。

8月21日 自治区党委在南宁召开自治区中小企业负责人座谈会，深入学习贯彻落实习近平总书记在企业家座谈会上的重要讲话精神，听取中小企业负责人意见和建议，帮助解决企业面临的困难和问题，更好落实“六稳”“六保”工作任务。

8月26日 自治区党委、政府印发《新时代广西加快完善社会主义市场经济体制实施方案》，从增强微观主体活力、保障市场公平竞争、进一步激发全社会创造力和市场活力、完善宏观经济治理体制、促进社会公平正义、以开放促改革促发展、强化法治保障等方面提出50项主要任务。提出实行城市群内户口通迁、居住证互认制度，推动公共资源由按城市行政等级配置向按实际服务管理人口规模配置转变。

8月28日　玉林福绵机场通航。截至2021年6月，广西共有南宁吴圩国际机场、桂林两江国际机场、北海福成机场、柳州白莲机场、梧州西江机场、百色巴马机场、河池金城江机场、玉林福绵机场等8个民用机场。

8月31日　广西建工集团混合所有制改革签约暨揭牌仪式在南宁举行，广西建工集团成为广西第一家集团层面整体混改的自治区直属国有企业。

同日　钦州大榄坪南作业区9号、10号自动化集装箱泊位开工仪式在中国（广西）自贸试验区钦州港片区举行，其建成后将成为中国第一个海铁联运自动化码头。

同日　自治区人民政府批准实施《广西外商投资企业“一站式”服务平台建设实施方案》。

9月2日—9日　根据中宣部的统一安排部署，文化和旅游部、中央广播电视总台、中国文联等单位开展2020年“我们的中国梦”文化进万家活动。中国儿童艺术剧院演出小分队走进河池，在罗城仫佬族自治县、都安瑶族自治县、大化瑶族自治县开展17场公益演出活动。中国煤矿文工团走进融水苗族自治县，在当地易地扶贫搬迁点开展文艺演出活动。

9月4日　国家移民管理局定点帮扶三江侗族自治县第二期支教活动启动仪式在三江侗族自治县举行，来自国家移民管理局9个边检总站的 100 名移民警察到该县 7 个乡镇 48 所学校进行支教。

9 月 8 日 全国抗击新冠肺炎疫情表彰大会在北京举行，广西 25 人获评先进个人，10 个单位获评先进集体，3 人获评全国优秀共产党员，3 个基层党委获评全国先进基层党组织。9 月 10 日，自治区党委常委会召开会议，认真学习贯彻习近平总书记在全国抗击新冠肺炎疫情表彰大会上的重要讲话精神，对弘扬伟大抗疫精神、加快建设壮美广西作出部署。

9 月 15 日 中央媒体赴广西开展“决战决胜脱贫攻坚·督战未摘帽贫困县”主题集中采访活动，20 家中央媒体共 60 多名记者深入广西 8 个未摘帽贫困县，宣传广西各族干部群众决战决胜脱贫攻坚事迹。

9 月 17 日 自治区党委召开 2020 年度对接粤港澳大湾区发展专题协商座谈会，广泛听取各民主党派、工商联和无党派人士代表的意见建议。

同日 广东、广西推进珠江—西江经济带发展规划实施联席会议第七次会议在海南三亚召开。

同日 广西、海南两省（自治区）政府在海南三亚签订关于深化开放合作共谋发展的框架协议。

9 月 18 日 2020 年泛珠三角区域合作行政首长联席会议在海南三亚召开，主题为“共享海南自贸港机遇 推动泛珠区域联动发展”。

9 月 22 日 广西壮族自治区党委、求是杂志社在南宁共同举办“全面小康与边疆治理”理论研讨会，就“治理体系治理能力、脱贫攻坚、生态文明、民族团结、对外开放”5 个方面内容分享实践经验。

9 月 24 日 自治区党委、政府在广东深圳举行“共享合作新机遇 共建发展新格局——2020 年‘湾企入桂’推介会暨签约仪式”，与来自粤港澳大湾区的 200 多名企业家共商合作、共谋发展。

9 月 自治区党委、政府印发《贯彻落实〈中共中央、国务院关于新时代推进西部大开发形成新格局的指导意见〉实施方案》，出台 7 个方面 40 条措施，推动广西高水平开放高质量发展。

10 月 10 日 自治区扶贫开发领导小组办公室召开自治区 2020 年度贫困户和贫困村脱贫摘帽认定工作动员部署电视电话会议，对贫困户和贫困村脱贫摘帽认定进行业务培训。

10 月 17 日 自治区工商联、扶贫办在南宁举办广西“万企帮万村”精准扶贫行动先进民营企业表扬活动。

10 月 17 日—18 日 民族歌剧《扶贫路上》作为全国脱贫攻坚题材优秀舞台艺术剧目展演的开幕剧目和“走向我们的小康生活”广西优秀舞台艺术剧目进京展演活动的剧目，在北京国家大剧院连演 2 场。

10 月 30 日 第十七届中国—东盟博览会“云上东博会”平台启动仪式在南宁举行。

同日 自治区人民政府印发《健康广西行动实施方案》，提出加快推动从以治病为中心转变为以人民健康为中心，落实预防为主方针。

10 月 31 日 自治区人民政府批准实施《关于扩大农业农村有效投资加快补上“三农”领域突出短板的实施意见》。

11 月 9 日 自治区“脱贫感党恩奋进新起点”主题活动现场会在桂林临桂区召开，实地观摩龙胜各族自治县及桂林临桂区主题活动，交流活动经验，推动活动深入开展。

11 月 11 日 自治区党委在南宁召开实施强首府战略座谈会，研究如何进一步推进实施强首府战略，要求全自治区各级各部门要深刻领会自治区党委、政府实施强首府战略的决策部署，坚持“强广西必须强首府”理念，自觉将实施强首府战略摆在广西改革创新发展全局更加突出的位置，进一步集中优势资源，加快把南宁建成为引领全自治区高质量发展的核心增长极，推动首府在发挥辐射效应、带动周边发展、服务自治区大局、落实国家战略上发挥更大作用。

11月13日 2020中国—东盟汇商聚智高峰论坛、第二届中国—东盟人工智能峰会暨世界500强企业首席科学家大会在南宁开幕。

11月20日 经自治区人民政府批复同意，广西最后8个贫困县（自治县）——融水苗族自治县、三江侗族自治县、那坡县、乐业县、隆林各族自治县、罗城仫佬族自治县、大化瑶族自治县、都安瑶族自治县退出贫困县序列。至此，广西106个有扶贫开发工作任务县（市、区）建档立卡贫困人口全部脱贫，5379个贫困村全部出列，54个贫困县全部摘帽。

11月26日 中共中央对外联络部和广西壮族自治区党委共同举办的中国共产党同东南亚国家政党首次对话会在南宁举行。东南亚国家近40个执政党、参政党和重要在野党，包括20多位党首、5位议长以及中国驻东盟国家大使等通过视频连线方式参会，东盟国家驻华大使现场出席会议。

同日 国家网信办、国家发展改革委、工信部、广西壮族自治区人民政府联合主办的第四届中国—东盟信息港论坛在南宁举行，主题为“数联东盟智创未来”。

11月27日 习近平总书记在第十七届中国—东盟博览会和中国—东盟商务与投资峰会开幕式上作视频致辞，明确提出共建更为紧密的中国—东盟命运共同体，并提出4点倡议：提升战略互信，深入对接发展规划；提升经贸合作，加快地区经济全面复苏；提升科技创新，深化数字经济合作；提升抗疫合作，强化公共卫生能力建设。他指出，中国—东盟博览会、中国—东盟商务与投资峰会是推进区域经济一体化的务实平台，希望双方通过本届盛会，创造更多商机，收获更多成果，携手共创更加繁荣美好的未来。

11 月　自治区党委、政府印发《关于深化医疗保障制度改革的实施意见》，提出增强医保、医疗、医药联动改革的整体性、系统性、协同性，保障群众获得高质量、有效率、能负担的医药服务。

12 月 9 日—10 日　自治区党委十一届九次全委（扩大）会议审议通过《中国共产党广西壮族自治区委员会关于制定国民经济和社会发展第十四个五年规划和二〇三五年远景目标的建议》。2021 年 1 月 21 日—25 日，自治区十三届人大四次会议表决通过《广西壮族自治区国民经济和社会发展第十四个五年规划和 2035 年远景目标纲要》，提出了广西“十四五”时期经济社会发展主要目标，并提出到 2035 年，基本建成壮美广西、与全国同步基本实现社会主义现代化的远景目标。

12 月 10 日　自治区党委召开自治区村（社区）“两委”换届选举工作电视电话会议，深入学习贯彻落实习近平总书记关于农村和城市基层党建的重要指示精神以及中央有关部署要求，全面启动广西新一轮村（社区）“两委”换届选举工作。这次换届选举涉及全自治区 1.6 万个行政村（社区）、15.7 万村（社区）干部、110 万村（社区）党员、3600 多万城乡居民，按计划将在 2021 年一季度完成。

12 月 21 日　全国工商联与广西壮族自治区人民政府共同举办的全国知名民营企业助推“建设壮美广西　共圆复兴梦想”大会在南宁举行。会上举行 2020 年“民企入桂”成果发布暨签约仪式、开工仪式，共签订投资合作项目 60 个，总投资 2083 亿元；集中开工项目 28 个，总投资 2139 亿元。

12 月 25 日　自治区党委常委会会议审议通过《关于进一步健全落细落实习近平总书记重要讲话、重要指示批示精神和党中央决策部署长效机制的意见》，提出各级各部门要切实提高政治站位，立足广西实际，持续贯彻落实“解放思想、改革创新、扩大开放、担当实干”工作方针，在党中央明确的方向和原则下，创造性开展工作，主动担当作为，推动工作取得新进步。

12 月 28 日 自治区党委、政府在南宁召开自治区劳动模范和先进工作者表彰大会暨自治区“人民满意的公务员（集体）”、精神文明建设表彰大会。

12 月 31 日 自治区扶贫开发领导小组召开自治区当前扶贫收尾工作电视电话会议，强调要认真贯彻落实中央经济工作会议、中央农村工作会议、全国巩固拓展脱贫攻坚成果同乡村振兴有效衔接工作会议精神，部署当前扶贫收尾工作，谋划推动巩固拓展脱贫攻坚成果同乡村振兴有效衔接工作，确保工作不松劲、不懈怠、不停顿。

本年 自治区相继印发《关于进一步加强矿产资源开发保护促进我区高质量发展的意见》和《关于推进矿产资源管理改革有关事项的通知》等系列文件，开启了矿产资源管理地方性法规实施 20 年来最大、最全面的矿产资源管理改革。在“矿业新政”指引下，广西矿业经济高质量发展迈出新步伐，全自治区牢守“三个一定，一个全力”工作要求和资源利用上线形成自觉，共建成绿色矿山 341 座，同比增长 625.5%。

本年 “十三五”规划胜利收官，广西脱贫攻坚任务如期完成，全面消除绝对贫困，全面建成小康社会取得决定性成就。自治区地区生产总值年均增长 6.1%，地区生产总值、居民人均可支配收入比 2010 年翻一番，居民人均可支配收入提高到 24562 元，年均增长 7.8%，其中农村居民收入提高到 14815 元、年均增长 9.4%。

二〇二一年

1月7日 自治区全面依法治区工作会议在南宁召开，深入学习贯彻习近平法治思想，强调加快建设更高水平的法治广西。

1月18日 自治区党委、政府在南宁召开自治区农村工作会议，研究部署当前和今后一个时期巩固拓展脱贫攻坚成果和全自治区“三农”工作，强调要风貌塑形，产业做实，文化铸魂，让乡村美起来、农民富起来、乡村精气神提起来。

1月 自治区党委、政府批准实施《关于构建现代环境治理体系的实施意见》，提出到2025年，形成导向清晰、决策科学、执行有力、激励有效、多元参与、良性互动的环境治理体系，环境治理能力显著提升，走出具有广西特色的环境治理和绿色发展之路。

2月5日 自治区人民政府批准建立广西第二轮土地承包到期后再延长30年试点厅际联席会议制度。

2月19日 自治区党委、政府印发《关于推进工业振兴三年行动方案（2021—2023年）》的通知，提出到2023年，产业集群产业链水平明显提升，新建60项以上百亿元项目，建设10个左右的千亿元园区，打造先进装备制造、绿色新材料2个万亿元产业集群。2月20日，自治区党委、政府在南宁召开自治区推进工业振兴大会，动员全自治区上下加快转型升级，坚持强龙头、补链条、聚集群和强创新、育品牌、拓市场，主动打好工业振兴这场攻坚硬仗，奋力在高质量发展轨道上跑出工业加速度。经自治区党委、政府同意，2018—

2020年度工业高质量发展成绩突出的北海、贵港、玉林、崇左4个先进市获通报表扬，分别奖励工业项目和园区基础设施建设补助资金1亿元。

2月20日 中央第二巡视组巡视广西反馈意见整改动员部署大会在南宁召开，强调要坚决完成好巡视整改这一重大政治任务，扎实做好巡视“后半篇文章”，努力向党中央和全自治区各族人民交出一份合格的整改答卷，以整改实效庆祝建党100周年。

2月25日 全国脱贫攻坚总结表彰大会上，广西93名个人、69个集体获表彰。

2月26日 自治区党委常委会召开会议，学习贯彻习近平总书记在党史学习教育动员大会、全国脱贫攻坚总结表彰大会上的重要讲话精神，研究部署有关工作。

2月27日 自治区党史学习教育动员大会在南宁召开。会议强调，自治区各级党组织和广大党员干部要深入学习贯彻落实习近平总书记在党史学习教育动员大会上的重要讲话精神，按照党中央的部署要求，扎扎实实开展好党史学习教育，真正做到学史明理、学史增信、学史崇德、学史力行，进一步解放思想、改革创新、扩大开放、担当实干，为加快建设壮美广西、共圆复兴梦想努力奋斗。

2月 中共中央、国务院印发《国家综合立体交通网规划纲要》，明确将北部湾港与上海港、深圳港、广州港等10个港口一并列为国际枢纽海港，将平陆运河纳入“四纵四横两网”国家高等级航道布局。平陆运河是打造广西北部湾国际门户港的关键项目，是释放广西江海活力、促进区域经济高质量联动发展、利长远、惠民生的宏大工程。

3月1日 《中华人民共和国政府与欧洲联盟地理标志保护与合作协定》正式生效，广西横县茉莉花茶、百色芒果、桂平西山茶、桂林罗汉果等12个地理标志产品被纳入互认清单受到双方保护。

3月4日 自治区政法队伍教育整顿动员部署会议在南宁召开，强调要打好政法队伍正风肃纪攻坚战，着力打造信念坚定、执法为民、敢于担当、清正廉洁的广西政法铁军，为建设更高水平的平安广西、法治广西提供坚强保障，更好助力壮美广西建设。

3月17日 交通运输部和上海国际航运中心统计的2020年全球前二十大港口货物吞吐量榜单显示，北部湾港位列第19名，成为榜单上唯一的新面孔。这是北部湾港首次跻身全球港口货物吞吐量前20强行列。

3月17日—19日 自治区党委在南宁举办自治区省级领导和厅级主要负责同志学习贯彻党的十九届五中全会精神专题研讨班，重点围绕“十四五”时期广西面临的新发展机遇怎么看、对标新发展理念怎么办、融入新发展格局怎么干等重大问题开展深入研讨，强调要更好地把习近平总书记对广西工作重要指示精神贯彻落实到位，把自治区党委十一届九次全会的部署要求贯彻落实到位，确保全自治区“十四五”发展开好局起好步，以优异成绩庆祝建党100周年。

3月31日 自治区扩大有效投资三年攻坚行动暨加快重大项目建设电视电话会议召开，强调要集中力量系统谋划攻坚突破，奋力实现“十四五”项目投资提速争先。

4月18日 自治区党委常委会会议指出，保持对黑恶势力违法犯罪的高压态势，持续深入开展专项整治，健全完善基层治理体系，依法严惩涉黑涉恶犯罪，压紧压实扫黑除恶责任，结合政法队伍教育整顿，推进正风肃纪反腐强警，推动常态化开展扫黑除恶斗争不断取得新成效。

4月23日 自治区党委批准实施《中共广西壮族自治区委员会 广西壮族自治区人民政府关于实现巩固拓展脱贫攻坚成果同乡村振兴

有效衔接的实施意见》，提出脱贫地区要从解决建档立卡贫困人口“两不愁三保障”为重点转向实现乡村产业兴旺、生态宜居、乡风文明、治理有效、生活富裕，从集中资源支持脱贫攻坚转向巩固拓展脱贫攻坚成果和全面推进乡村振兴。明确以农村低收入人口和脱贫地区、欠发达地区为帮扶重点，以巩固、拓展、衔接为基本逻辑，突出抓好巩固脱贫攻坚成果“五项重点工作”、健全“三项帮扶机制”、实施“五大提升行动”、做好“六大政策衔接”。

4月25日—27日 习近平总书记到桂林、柳州、南宁等地，深入革命纪念馆、农村、企业、民族博物馆等，就贯彻党的十九届五中全会精神、开展党史学习教育、推动“十四五”开好局起好步等主题进行调研并发表重要讲话，深刻阐述广西在全国发展大局中的“四个突出特点”，提出“建设新时代中国特色社会主义壮美广西”总目标、“四个新”总要求和四个方面重要工作要求。他强调，要坚决贯彻党中央决策部署，完整、准确、全面贯彻新发展理念，坚持稳中求进工作总基调，解放思想、深化改革、凝心聚力、担当实干，统筹疫情防控和经济社会发展，统筹发展和安全，在推动边疆民族地区高质量发展上闯出新路子，在服务和融入新发展格局上展现新作为，在推动绿色发展上迈出新步伐，在巩固发展民族团结、社会稳定、边疆安宁上彰显新担当，建设新时代中国特色社会主义壮美广西。

4月27日 自治区党委、政府印发《关于全面推进乡村振兴加快农业农村现代化的实施意见》，提出坚持农业现代化与农村现代化一体设计、一并推进，走出一条具有广西特色的乡村振兴之路。到2025年，农业农村现代化取得重要进展，农业基础设施现代化水平显著提升，农村生活设施便利化初步实现，城乡基本公共服务均等化水平明显提高。

4月28日 一列满载3687吨大米、氧化镁、石英砂等货物的集装箱班列从钦州港东站驶向重庆团结村站，这是西部陆海新通道2021年开行的第1818列班列，至此，西部陆海新通道海铁联运班列累计开行突破1万列。

4月29日　自治区党委召开自治区领导干部大会，传达学习习近平总书记视察广西时的重要讲话和重要指示精神，对全自治区学习宣传贯彻落实工作作出部署。会议指出，在全自治区脱贫攻坚取得全面胜利、全面建成小康社会胜利在望的重大时刻，在“十四五”开局起步、全自治区各族人民昂首阔步迈上全面建设社会主义现代化新征程的关键时刻，在中国共产党迎接建党100周年、全党深入开展党史学习教育的历史时刻，习近平总书记再次亲临广西视察，带来党中央的关怀关爱，意义重大深远，是广西发展史上具有里程碑意义的一件大事，也是全自治区各族人民政治生活中的一件喜事。

5月5日　根据《财政部关于下达2021年中央财政衔接推进乡村振兴补助资金预算的通知》（即原财政专项扶贫资金），国家给予广西扶贫绩效奖励资金4.5亿元。至此，广西已连续5年在国家财政专项扶贫资金绩效评价中获得“优秀”等次，累计获得奖励资金25.3亿元。

5月7日　自治区脱贫攻坚总结表彰暨巩固拓展脱贫攻坚成果同乡村振兴有效衔接工作部署大会在南宁举行，为受到表彰的“广西扶贫工作特别贡献者”和自治区脱贫攻坚先进集体、先进个人代表颁奖。会议指出，广西全面打赢了脱贫攻坚战，在国家组织开展的省级党委和政府扶贫开发工作成效考核中，连续5年获得综合评价“好”的等次，如期兑现了向党中央立下的“军令状”和向全自治区各族人民作出的庄严承诺，交出了一份高质量的脱贫攻坚广西答卷。会议强调，要坚决贯彻落实习近平总书记对乡村振兴的重要指示精神，像抓脱贫攻坚一样抓乡村振兴，全面推进巩固拓展脱贫攻坚成果同乡村振兴有效衔接，在新的起点上谱写乡村振兴新篇章。

5月13日 广西第七次全国人口普查主要数据公布，截至2020年11月1日零时，全自治区常住人口为50126804人，与2010年第六次全国人口普查的46026629人相比，10年共增加4100175人，增长率为8.91%，年平均增长率为0.86%。

5月15日 国家发展改革委等11个部门联合印发《关于支持防城港国际医学开放试验区改革创新若干政策措施的通知》，从促进医学国际合作、支持主导产业发展、支持建设重点平台三方面提出15条政策措施支持试验区改革创新，为试验区建设带来前所未有的政策机遇和强大动力。

5月18日 自治区党委在南宁举行自治区政法英模先进事迹报告会，激励广大政法干警奋进新征程、担当新使命、展现新作为。

同日 广西首列中欧直达班列（中国柳州—俄罗斯莫斯科）首发。

5月21日 广西最大的原油码头——北部湾港钦州30万吨级油码头工程通过竣工验收，对更好地服务广西石化产业发展、建设北部湾国际枢纽海港具有重要意义。

5月25日 自治区党委常委会会议审议通过《关于加强新时代作风建设确保我区“十四五”良好开局的意见》，强调全自治区各级各部门要深入学习贯彻习近平总书记关于加强和改进人民信访工作的重要论述，按照中央和自治区党委的部署要求，切实扛起为民解难、为党分忧的政治责任，始终以人民为中心，把工作做实做细，为建党100周年营造和谐稳定的社会环境，为广西“十四五”发展作出积极贡献。

5月29日 首列粤港澳大湾区（中国广州增城—越南河内）国际班列从国铁凭祥口岸物流中心驶出。至此，经凭祥铁路口岸进出境的中欧班列等跨境班列路线增至9条。

6月3日 习近平总书记给老艺术家黄婉秋回信，对她予以亲切勉励。习近平总书记在回信中说，你主演的电影《刘三姐》家喻户晓，让无数观众领略到了“刘三姐歌谣”文化的魅力。电影《刘三姐》之所以成为经典，就在于它根植于广西的山山水水，契合了人们对真善美的向往和追求。习近平总书记指出，深入生活，扎根人民，把各民族共同创造的中华文化传承好、发展好，是新时代文艺工作者的光荣使命。希望你继续发挥老艺术家的表率作用，带动更多的文艺工作者为人民创作、为时代放歌。是日，自治区领导向黄婉秋转交了习近平总书记的回信并看望黄婉秋夫妇。

6月23日 百色水利枢纽通航设施工程正式开工建设，标志着联通广西云南水运航道的关键工程取得阶段性重要成果。工程建成后对推动新时代西部大开发，推进西部陆海新通道建设，完善西南地区综合交通运输体系，促进西部地区腹地经济社会高质量发展，带动右江区域经济带加快发展具有重大意义。

6月24日 自治区党委全面深化改革委员会第十二次会议审议通过《关于以中国（广西）自由贸易试验区为引领加快构建面向东盟的跨境产业链供应链价值链的实施意见》等。

同日 自治区“两优一先”表彰大会在南宁举行，表彰全自治区优秀共产党员、优秀党务工作者和先进基层党组织，弘扬党的光荣传统和优良作风，进一步激励全自治区广大党员和各族干部群众，深入贯彻落实习近平总书记视察广西时的重要讲话精神，持续解放思想、改革创新、扩大开放、担当实干，凝心聚力建设新时代中国特色社会主义壮美广西。

6月25日 自治区党委十一届十次全会（扩大）会议在南宁召开。会议深入学习贯彻习近平新时代中国特色社会主义思想和习近平总书记对广西工作系列重要指示精神，全面贯彻落实党的十九届五中全会精神，审议通过《中共广西壮族自治区委员会关于解放思想担当实干凝心聚力建设新时代中国特色社会主义壮美广西的决定》，提出要牢牢把握建设新时代中国特色社会主义壮美广西总目标，深刻把握“四个突出特点”和“四个新”总要求，充分认识广西在全国发展大局中的战略地位和重大使命，坚定发展信心决心，脚踏实地办好广西的事情，奋力建设繁荣富裕、开放创新、团结和谐、美丽幸福的壮美广西，为谱写全面建设社会主义现代化国家的广西篇章不懈奋斗，为国家发展和民族复兴贡献广西力量。

6月29日　自治区人民政府批准实施《广西打造国内国际双循环重要节点枢纽行动方案》，提出到2023年，消费对广西经济增长的贡献率提升至55%以上，工业增加值占地区生产总值比重达27%以上，全自治区货运量和周转量分别达20亿吨和4500亿吨公里，与东盟的经贸合作地位进一步巩固，经贸合作水平进一步提升，基本完成国内国际双循环重要节点枢纽布局，加快融入新发展格局。

同日　在中国共产党即将迎来百年华诞之际，由自治区党委举办的“‘百年奋进　百年辉煌’——中国共产党广西历史展览”在广西展览馆开展。

7月1日　庆祝中国共产党成立100周年大会在北京天安门广场举行。习近平总书记发表重要讲话，庄严宣告：经过全党全国各族人民持续奋斗，我们实现了第一个百年奋斗目标，在中华大地上全面建成了小康社会，历史性地解决了绝对贫困问题，正在意气风发向着全面建成社会主义现代化强国的第二个百年奋斗目标迈进。这是中华民族的伟大光荣！这是中国人民的伟大光荣！这是中国共产党的伟大光荣。习近平总书记指出：初心易得，始终难守。以史为鉴，可以知兴替。我们要用历史映照现实、远观未来，从中国共产党的百年奋斗中看清楚过去我们为什么能够成功、弄明白未来我们怎样才能继续成功，从而在新的征程上更加坚定、更加自觉地牢记初心使命、开创美好未来。回首过去，展望未来，有中国共产党的坚强领导，有全国各族人民的紧密团结，全面建成社会主义现代化强国的目标一定能够实现，中华民族伟大复兴的中国梦一定能够实现！是日，全自治区各地各部门各单位党员干部及广大群众收听收看大会直播，共同见证这一伟大的历史时刻。广西与全国一同踏上了全面建设社会主义现代化国家新征程，面临新的重大发展机遇。7月2日，自治区党委召开常委会（扩大）会议，学习贯彻习近平总书记在庆祝中国共产党成立100周年大会上的重要讲话精神，交流学习体会，研究部署深入学习宣传和贯彻落实工作。

后 记

“小康”一直是千百年来中国人民最朴素的愿望和憧憬，是中华民族自古以来追求的理想社会状态。2021 年 7 月 1 日，习近平总书记在庆祝中国共产党成立100周年大会上的重要讲话中庄严宣告：“经过全党全国各族人民持续奋斗，我们实现了第一个百年奋斗目标，在中华大地上全面建成了小康社会，历史性地解决了绝对贫困问题，正在意气风发向着全面建成社会主义现代化强国的第二个百年奋斗目标迈进。”全面建成小康社会标志着中国共产党向全国人民交出了一份彪炳史册的答卷，兑现了“把人民对美好生活的向往作为奋斗目标”的承诺，践行了中国共产党人为中国人民谋幸福、为中华民族谋复兴的初心和使命。

广西是全国脱贫攻坚主战场之一。党的十八大以来，在以习近平同志为核心的党中央坚强领导下，广西壮族自治区党委、政府团结带领各族人民艰苦奋斗、砥砺前行、攻坚克难，经过多年大规模持续奋战，如期打赢脱贫攻坚战，所有贫困地区、贫困人口与全国各地、全国人民一道迈入全面小康社会。从贫穷落后到繁荣振兴，从偏远闭塞到开放前沿，从温饱不足到全面小康……八桂儿女用苦干实干、实绩实效，书写了决战决胜脱贫攻坚、全面实现小康社会的壮美篇章。

为了全面记录广西全面建成小康社会的伟大历程，展现广西取得的辉煌成就和发生的深刻变化，根据中央宣传部的统一部署，广西壮族自治区党委宣传部组织策划、编写了“纪录小康工程”地方丛书。《全面建成小康社会广西大事记》是丛书中的一本，本书紧扣“全面建成小康社会”的目标要求，以大事记的形式全方位、全过程、全景式记录中华人民共和国成立以来特别是党的十八大以来广西各族人民为实现全面小康而持续奋斗的光辉历程。

广西社会科学界联合会具体负责本书的编写工作，编写组成员有杨东星、袁梅花、玉明、钟永锋、李玉莹、李青文，由袁梅花、玉明负责统稿。杨东星同志负责主持本书编写和书稿审核工作。本书编写组还参考了多位专家学者提供的大量资料，在此一并表示感谢！

本书内容涉及面广，时间跨度长，虽数易其稿，仍然存在许多不足之处，恳请读者批评指正。

本书编写组

2022 年 6 月